아산재단 연구총서 제445집

한국사회 이타적 행동에 대한 이해

사회적 속성과 심리사회적 속성에 대한 분석

아산재단 연구총서 제445집

한국사회 이타적 행동에 대한 이해

사회적 속성과 심리사회적 속성에 대한 분석

강 철 희
이 지 연

집문당

강철희(姜哲熙) - University of Pennsylvania 철학 박사(Philanthropy & Nonprofit Organization Management 전공)
- 한국사회복지학회 차기(2020년) 학회장
- ARNOVA(Association for Research on Nonprofit Organizations and Voluntary Action) 2020년 Asia Conference 운영위원장
- 미국 비영리학회의 학술지(Nonprofit & Voluntary Sector Quarterly) 편집위원(Editorial Board Member)
- 연세대학교 사회복지대학원 교수 겸 원장
- United Way Worldwide(공동모금회 세계본부) 이사

이지연(李之連) - 이화여자대학교 심리학과 상담심리박사
- 서강대학교 상담교수
- 현재 인천대학교 창의인재개발학과 교수

아산재단 연구총서 제445집

한국사회 이타적 행동에 대한 이해

사회적 속성과 심리사회적 속성에 대한 분석

2019년 8월 30일 1판 1쇄

저자 | 강철희 · 이지연
발행인 | 임동규
발행처 | **(주)집문당**
등록 | 1971. 3. 23. 제2012-000069호
주소 | 03134 서울시 종로구 돈화문로 82 집문당빌딩 5층
전화 | (02)743-3192~3 팩스(02)742-4657
이메일 | sale@jipmoon.co.kr
홈페이지 | www.jipmoon.co.kr

ISBN 978-89-303-1828-0 94330
978-89-303-1500-5(세트)

가격 13,000원

이 도서의 국립중앙도서관 출판시도서목록(CIP)은 e-CIP홈페이지(http://www.nl.go.kr/ecip)와 국가자료공동목록시스템(http://www.nl.go.kr/kolisnet)에서 이용하실 수 있습니다.
(CIP제어번호: CIP2019029379)

머리말

한국사회의 오늘과 내일에 대한 전망은 그리 밝지 않은 듯하다. 우리가 직면하고 있는 다양한 사회갈등과 인구절벽(demographic cliff)의 문제 속에서 '만인의 만인에 대한 투쟁'과 이기적 삶이 만연한 사회가 도래하고 있는 것은 아닌지 걱정이 크다. 암울해 보이는 한국사회 문제에 대한 해결대안을 어디서 찾아볼 수 있을까? 이 책은 해결책 중 하나로 인간사회의 생존을 견인해 온 이타주의에 초점을 둔다. 일반적으로 이타주의(利他主義, altruism)는 자기를 희생함으로써 타인의 행복과 복리의 증가를 행위의 목적으로 삼는 것으로 정의된다. 즉, 희생적 이타행동에 초점을 두고 있어 일반 시민의 일상적 삶과 큰 거리가 있는 것으로 인식되는 경향이 크다. 희생적 이타행동만을 이타행동을 대표하는 것으로 이해한다면, 한국사회에서 이타주의를 논의하며 강화와 확산을 위한 방안들을 모색해 보는 것 자체가 현실과 동떨어질 수 있다. 이 책은 이타적 행동을 일상적 삶에서 실천되는 일상적 이타행동, 일상적 이타행동이 내재화되고 발전되어 하나의 생활양식으로 발현되는 몰입적 이타행동, 자신을 희생하며 타인을 위해 유익한 행동을 실행하는 희생적 이타행동으로 구분하며, 이 중 일반 시민의 삶 속에서도 쉽게 관찰해 볼 수 있는 일상적 이타행동과 몰입적 이타행동을 다각적으로 이해해 보는 데 초점을 둔다.

이 책의 1장에서는 이타주의의 중요성 및 분류와 함께 이 책에서 분석하는 일상적 이타행동과 몰입적 이타행동에 대한 기본적 이해의 틀을 제시한다. 2장에서는 이타주의 개념 및 유사 개념들을 소개하고 주요 학문 분야에서 이타주의의 어떤 측면에 대해 어떤 방식으로 설명하고 있는지를 고찰해 보면서 이타주의에 대한 다각적 이해를 정리한다. 3장에서는 선행연구를 토대로 이타행동의 분류를 강도에 따라 층위를 나누고 일상적 이타행동과 몰입적 이타행동을 각기 어떻게 분석할 것인지를 제시한다. 4장에서는 실증적 자료를 토대로 일반 시민의 삶에서 행해지는 일상적 이타행동을 기부와 자원봉사로 나누고 각각에 대한 영향 요인을 분석하며 일상적 이타행동에 대한 이해를 제고시킨다. 5장에서는 우리 사회의 곳곳에서 이타적 행동을 모범적으로 실천하고 있다고 평가된 몰입적 이타주의자들의 심리사회적 속성에 초점을 두어 질적 분석을 실시하며 몰입적 이타행동에 대한 이해를 심화시킨다. 즉 몰입적 이타주의자의 유형을 분류해 보고 그 특성을 구체적이고 명확하게 제시한다. 마지막 6장에서는 일상적 이타행동과 몰입적 이타행동에 대한 분석결과를 포괄적 시각에서 종합해 보면서 우리 사회 시민의 삶 속에서 실천되고 있는 이타적 행동에 대한 이해를 확장시킨다.

한국사회에서 이타적 행동의 실천이 그 어느 때보다도 절실하다는 인식은 모두가 공히 갖고 있다. 그러나 새로운 변화를 모색해 보기 위해서는 인식의 차원을 넘어 이해의 구축이 선행될 필요가 있다. 특히 시민의 삶 속에서 일상적으로 행해지는 이타적 행동과 몰입적으로 행해지는 이타적 행동에 대한 구체적인 이해와 지식의 축적이 모색될 필요가 있다. 이 책은 이러한 필요성에 주목한다. 한국사회에서 이타주의가 지속적으로 조명되고 이타주의의 강화와 확산을 위해 다양한 주체들이 더 큰 관심을 갖고 변화를 모색해 본다면, 한국사회가 직면하고 있는 갈등문제 및 인구절벽으로 인해 야기되는 문제에 대한 해결 대안들을 마련하는 데 있어 진일보할 수 있을 것이라 기대한다.

이 책을 저술하는 데 인내심과 함께 아낌없는 지원을 제공해 준 아산사회복지재단에 깊은 감사의 말씀을 드린다. 또한 몰입적 이타행동에 대한 질적 분석을 도맡아 준 이지연 교수에게도 감사의 인사를 전한다.

2019년 8월

강철희 씀

| 차 례 |

제4장 일반 시민의 일상적 이타행동에 대한 실증적 이해: 사회적 속성 · 65

제5장 일반 시민의 몰입적 이타행동에 대한 질적 이해: 심리사회적 속성 · 99

제6장 결론 · 147

| 표 / 그림 차례 |

제1장

서 론

제1장 서 론

이타적 행동에 대한 관심은 인간의 역사 전 과정을 통해 지속되어 왔다고 볼 수 있다. 이기적인 인간 혹은 경쟁하는 인간과 대비하여 이타적인 인간 혹은 협력하는 인간에 대한 소망은 인간이 존재해 온 역사의 전 과정을 통해 일관적으로 피력되어 왔다(Bowles & Gintis, 2011). 특히 '경쟁을 통한 생존'이란 단어가 다른 모든 단어들을 압도하는 시대의 한가운데 놓여 있는 우리에게 이타적인 인간에 대한 소망, 협력하는 인간에 대한 소망은 매우 절실하다. 현재 한국사회가 소득 양극화, 노사 갈등, 양성 간 갈등, 인구절벽(Harry Dent, Jr., 2014)[1] 등의 문제를 경험하며 이타성과 협력 등에 더욱 목마른 시대에 살고 있어 그런지, 이타적인 인간, 협력하는 인간에 보다 주목할 수밖에 없는 상황인 듯하다. 한국사회의 미래를 암울하게 하는 이런 난제들에 대한 다양한 해결책들이 마련되어야 한다는 절실함 속에서 인간사회의 진화를 가능케 했던 인간의 이타성과 이타적 행동을 다시금 한국사회에 초점을 두어 조명해 볼 필요성을 느낀다.

1) 생산가능인구(15~64세)의 비율이 급속도로 줄어드는 현상을 의미. 소비를 가장 많이 하는 40대 중후반 인구가 줄어 대대적인 소비 위축 현상이 발생함. 인구절벽 현상이 발생하면 생산과 소비가 줄어드는 등 경제활동이 위축돼 심각한 경제위기가 발생할 수 있음.

오늘날의 한국사회를 조망해 보면, 두 가지의 암울한 모습이 오버랩된다. 첫째는 Thomas Hobbes가 *Leviathan*에서 기술한 '만인의 만인에 대한 투쟁'을 연상하게 된다. 상대방에 대한 배려가 낮아지는 사회, 사회구성원 모두 자신의 이익을 위해서는 한순간도 쉴 수 없고 투쟁적으로 임해야만 하는 사회가 도래하고 있지는 않나 하는 두려움이 밀려온다. 둘째는 Harry Dent, Jr.(2014)가 *The Demographic Cliff*에서 기술한 인구감소 및 '생산가능인구비율의 급격한 추락'에 따른 사회해체를 연상하게 된다. 모든 부담이 생산가능인구인 청장년에게 부가되는 사회, 청장년과 노인 간 세대갈등이 심화되고 첨예화되는 사회, 이주노동자의 필연적 증가와 함께 인종 차별, 혐오, 갈등이 증폭되는 사회, 이러한 문제들로 인해 경쟁과 갈등이 심화되며 각자도생(各自圖生)만을 외치며 투쟁적으로 이기적 삶에 몰입하는 사회가 도래하지 않을까 하는 두려움이 밀려온다. 이런 두려움을 극복하기 위한 대안 중 하나가 바로 이타성 및 이타적 행동의 강화와 확산이란 생각이 든다. 지금 그리고 앞으로 한국사회는 이전의 그 어떤 시기에 비해 이타성 및 이타적 행동의 강화 및 확산이 더욱 절실히 요구된다는 것을 인식하게 된다. 그러나 우리가 소망하는 이타적 행동이 넘치는 사회는 그저 주어지는 것이 아니다. 이타적 사회를 향해 나가는 과정에서 단계적 과제들이 존재한다. 무엇보다도 선행되어야 하는 과제는 우리 사회 구성원들이 현재 나타내는 이타성과 이타적 행동을 다양한 측면에서 보다 더 세밀하게 이해하는 것이다. 이에 대한 이해와 지식 축적을 기반으로 이타적 사회를 만들기 위한 다양한 노력, 예로 교육, 가치와 규범의 형성, 제도적인 지원 등과 같은 세부적 노력들을 병행시킬 수 있을 때 우리가 소망하는 사회의 도래가 현실이 될 수 있을 것이다.

인간의 이타성과 이타적 행동에 대한 설명은 다양한 학문적 장에서 다각적으로 다루어지고 있다. Robbins(2006)[2]는 박애, 즉 philanthropy의 기원을 고대 그리스 도시국가에서 비롯된 것이라고 설명한다. 그리스 도시국가에서는 자신이 속한 공동체를 위한 기여 행동이 엘리트 시민들에게 요구된 매우 중요한 사회적 규범이었다고 한다. 즉 타인과 공동체에 대한 이타적 행동은 고대 그리스 도시국가에서 지도층과 성공한 시민들에게 요구되는 필수 규범으로서 사회의 안정성을 제고시키는 기능을 하는 핵심 기제였던 것이다. 박애의 초기 역사로부터 인식되듯이, 인간의 이타성 역시 사회적 장치 및 속성 등과 깊은 관련성을 지닐 수 있다. 즉 타인과 공동체를 위한 배려와 기여 규범의 구축과 강화는 이타적 행동의 촉진과 확산을 이끄는 중요한 장치가 될 수 있다. 한편 Samuel Bowles와 Herbert Gintis(2011)는 인간 종의 진화라는 원천적인 부분에 초점을 두며 인간의 이타적 행동, 보다 구체적으로는 인간의 협력행동이 어떻게 체화 및 확산될 수 있었는지를 설명한다. Bowles와 Gintis는 인간이 협력적 종이 된 이유는 생존의 과정에서 협력의 방식이 구성원들에게 다른 무엇보다도 더 큰 이익을 가져왔기 때문이라고 설명한다. 생존을 위협하는 거친 자연 환경 속에서 인간은 인지 및 언어 능력의 진화와 더불어 제도의 형성 그리고 학습 및 사회화란 기제를 통해 협력의 확산에 유리한 사회적 구조를 형성할 수 있었고 결국 협력의 종으로서 존재할 수 있었다는 것이다. 이러한 논의를 기반으로 우리는 이타적 행동이 인간과 사회의 생존과 번영을 가능케 한 핵심적인 기제로서 그 어떤 것과도 견줄 수 없는 귀중한 뼈대임을 인식할 수 있다(Bowles & Gintis,

2) The Nonprofit Sector in Historical Perspective: Traditions of Philanthropy in the West(2006).

2011).

이렇게 거시적 측면에서의 이타성 혹은 이타적 행동에 대한 원천적 이해는 우리가 어떻게 만물의 영장이란 지위를 획득하며 지금 이곳에서 생활할 수 있게 되었는지, 어떻게 여기까지 도달할 수 있었는지를 매우 명쾌하게 설명해 준다. 거시적으로 볼 때 인간이란 종의 진화 과정에서 이타적 행동은 생존의 핵심 기제였고, 사회의 발전 과정에서 이타적 행동을 강화하기 위한 사회적 규범은 사회 안정을 추동하는 핵심 원동력이었다(최정규, 2009). 이제 이러한 이해에서 더 나아가 한국사회에서의 이타적 행동과 관련된 보다 구체적인 이해를 구축할 필요성이 있다. 예를 들면, 타인을 위한 이타적 행동이 과연 우리 사회에서는 어느 정도 보편화되어 행해지고 있는지, 이와 같은 이타적 행동에 영향을 미치는 요인은 무엇인지, 그리고 이타적 행동에 몰입하는 삶을 살고 있다고 평가받는 우리의 이웃들은 어떤 특성을 갖고 있는지에 대한 깊이 있는 이해까지 필요하다. 현상에 대한 정확한 이해를 기반으로 지식의 확장을 이뤄낼 수 있다면 학술적 연구를 넘어 한국사회에 이타성과 이타적 행동을 확산시키는 데 일정 부분 기여할 수 있기 때문이다. 본 연구는 바로 이런 실질적 필요성에 기반하여 시작되었다.

사실 이타적 행동에 대한 연구가 그리 많지는 않다. 그 이유는 이타적 행동을 일반적으로 자기희생을 바탕으로 한 이타적 행동 등으로 제한하여 설정하기 때문이고, 아울러 그런 행동에 대한 관찰이 그리 용이하지 않기 때문[3]이다(박경배, 박상천, 2010). 즉 자기희생적 이타행동에 대해 과도하게 초점을 두는 경향 때문에, 동시에 그런 표본 혹

3) 실제로 희생적 이타행동을 다루는 연구는 거의 전무후무하고 인용한 연구 또한 영화에서 표현된 희생적 이타행동에 대한 심리적 분석을 주로 이루고 있다.

은 사례를 찾아 연구하는 것이 상대적으로 매우 어렵기 때문에 이타적 행동에 대한 연구가 많이 진행되지는 못하고 있다. 이러한 상황에서 본 연구는 기존연구와 비교해서 다음과 같은 차별적 접근을 모색해 보면서 이타적 행동에 대한 이해의 지평을 확장해 보고자 한다.

첫째, 분석 대상을 일반 시민으로 설정하고 이들이 일상적인 사회생활 중에 행하는 이타적 행동에 주목하면서 이에 대한 분석을 행하고자 한다. 일반적으로 이타적 행동에 대해 논의할 때 타인을 위해 자신을 희생하는 숭고한 이타적 행동[4]에 집중하는 경향이 많은데 이런 자기희생을 상징으로 하는 이타적 행동은 일반적이지도 않고 확산을 논의하는 데 있어서도 제한적일 수밖에 없다. 따라서 본 연구에서는 사회에서 일상적으로 발현될 수 있는 일상적 이타행동 그리고 일상적 이타행동이 내재화되어 생활양식으로 표현되는 몰입적 이타행동에 주목하여 이 두 가지 형태의 이타적 행동에 초점을 두고 분석을 진행해 보고자 한다.

둘째, 앞서 제시한 두 가지 형태의 이타적 행동을 보다 체계적으로 이해하기 위해 각 이타행동의 특성을 이해하는 데 기여할 수 있는 대표적인 자료를 활용하여 자료와 분석에 있어 보다 높은 타당도를 확보하며 연구를 진행해 보고자 한다. 일반 시민들의 일상적 이타행동에 대한 포괄적 이해를 구축하기 위해서 나눔행동과 관련해서 대한민국을 대표하는 조사라 할 수 있는 "기빙코리아"의 2012년도 자료를 활용하여 시민의 사회적 속성에 초점을 두어 일상적 이타행동에 대한 계량적 분석을 실시한다. 좀 더 구체적으로는 일상적 이타행동을 기

4) 자기희생을 기반으로 한 이타적 행동의 대표적인 사례로는 일본에서 지하철 사고의 위험에 처해 있던 일본인을 자신의 목숨을 바쳐 구한 이수현 군의 사례를 꼽을 수 있다. 당시 많은 언론의 주목을 받았으며 이타적 행동의 대표적인 예로 상징화되고 있다.

부와 자원봉사로 나누고 기부행동의 세부적인 부분(기부 참여, 기부규모, 기부노력 등)과 자원봉사행동의 세부적인 부분(자원봉사 참여, 자원봉사 시간 등)에까지도 관심을 두고 사회적 속성과의 관계를 분석해 보고자 한다. 분석 과정에서 일상적 이타행동에 대한 심화된 이해를 모색하기 위해 2000년 미국에서 행해진 "The Social Capital Community Benchmark Survey" 자료와의 비교를 모색하면서 사회적 속성 중 종교성과 교육수준 등의 영향력에 대해서도 살펴본다. 아울러서 일상적 이타행동에 대한 심화된 이해를 모색하기 위해 국내 대표적 모금단체 중 한 곳에서 행한 2015년 기준 정기 기부자 서베이 자료를 활용하여 일상적인 삶에서 지속적이며 정기적으로 타인을 돕는 시민들의 행동, 즉 정기적 기부를 행하고 있는 시민들의 행동을 사회적 속성에 초점을 두어 계량적 분석을 실시한다.

한편 일상적 이타행동에 비해 그 사례를 찾아내는 데 있어 매우 제한적일 수밖에 없는 몰입적 이타행동의 경우에는 대표적 사례들을 활용하여 관련 시민들의 심리사회적 속성에 초점을 두어 사례연구(질적 분석)를 활용하여 그 양상과 특성을 분석해 보고자 한다. 한국 사회에서 몰입적으로 이타행동을 실천한다고 평가되어 온 이타주의자 60명을 대상으로 심층 인터뷰를 실시한 자료에 기반해서 심리사회적 속성을 중심으로 그들이 나타내는 몰입적 이타행동의 양상을 분류하고 각 특성을 다각적으로 탐색하여 몰입적 이타행동에 대한 이해를 더욱 심화 및 확장해 보고자 한다.

마지막으로, 분석된 두 자료에 대한 결과를 결합하여 일상적 이타행동의 속성과 몰입적 이타행동의 속성에 대한 종합적인 이해의 틀을 새롭게 모색해 보고자 한다. 즉 일상적 이타행동에 대한 분석결과와 몰입적 이타행동에 대한 분석결과를 포괄적인 시각에서 종합해 보면서 일반 시민들이 그들의 일상생활 속에서 나타내는 이타적 행동들의 핵심 속성에 대한 이해의 지평을 확장시켜 보려 한다.

이러한 연구 목적을 지닌 본 연구 전체 내용을 개략적으로 정리해 보면 다음과 같다. 다음 2장에서는 이타주의와 유사하게 사용되는 개념들에 대한 검토를 통해 개념적 이해의 기반을 다지고자 한다. 또한 주요 학문별 이타주의에 대한 시각과 기본 설명을 정리해 봄으로써 이타주의에 대한 다각적 이해의 양상을 공유해 보고자 한다. 이와 더불어 본 연구의 핵심주제인 이타적 행동에 대한 선행연구 내용들에 대한 검토, 특히 이타적 행동과 관련되는 다양한 요인들에 대한 검토를 통해 이타적 행동 관련 요인에 대한 이해를 좀 더 구체적으로 정리해 보고자 한다. 3장에서는 선행연구를 토대로 구축한 연구의 분석틀과 분석 방법을 정리한다. 본 연구는 앞에서도 강조하였듯이 일상적 이타행동과 몰입적 이타행동에 초점을 두는데, 이런 두 가지 형태의 이타행동 및 희생적 이타행동에 대한 정의를 분명하게 하면서 다양한 이타적 행동의 양상에 대한 이해를 구체화시킨다. 이를 토대로 일상적 이타행동과 몰입적 이타행동에 대해 본 연구는 어떤 자료에 기반해서, 무엇에 초점을 두어, 어떠한 방법으로 분석하는지를 명확하게 정리한다. 4장에서는 일반 시민들의 삶에서 행해지는 일상적 이타행동 및 이의 영향 요인에 대한 실증적 이해를 제고시키는 다양한 분석결과들이 제시된다. 일상적 이타행동 중 기부행동과 자원봉사행동에 제한해서 사회적 영향요인에 초점을 두고 그 관계에 대한 계량적인 분석을 실행하여 일상적 이타행동의 사회적 속성에 대한 이해를 심화 및 확장시켜 보고자 한다. 5장에서는 한국사회의 곳곳에서 이타적 행동을 모범적으로 실천한다고 평가되어 온 이타주의자들을 대상으로 이들의 심리사회적 속성에 초점을 두고 질적 분석을 실시하여 몰입적 이타행동의 양상, 즉 이타주의자의 유형을 분류해 보고 그 특성을 보다 명확히 제시한다. 마지막 장인 6장에서는 일상적 이타행동과 몰입적 이타행동에 대한 분석결과를 더 균형적이고 포괄적인 시각에서 종합해 보면서 일반 시민들이 그들의 일상생활 속에서 나타내는 이타적 행동들의 핵심 속성에 대한 이해의 지평을 확장시켜 보고자 한다. 아울러서 본 연구의 한계점을 정리한 후 후속 연구의 방향 및 과제 등을 제시하면서 마지막 장을 마무리하고자 한다.

사회가 좀 더 이타적인 삶의 장으로 변모해 나가는 것은 모든 이들의 소망일 것이다. 이러한 사회를 향한 노력은 관련 행동에 대한 정확하고 포괄적인 이해에 기반을 둘 때 보다 용이할 것이다. 즉 시민들의 이타적 행동에 대한 이해가 구축될 때, 이를 강화시키기 위한 방안들에 대한 모색이 보다 용이할 것이다. 따라서 우리 안에서 이뤄지는 일상적 이타행동에 대한 이해의 구축, 나아가 일상적 이타행동이 발전적으로 체화된 형태라 할 수 있는 몰입적 이타행동에 대한 이해의 구축은 매우 중요한 학문적 과제이자 실천적 과제이다. 그 이유는 이해의 구축을 통해 사회발전을 위한 구체적인 아젠더와 전략 및 방안들이 모색될 수 있기 때문이다. 본 연구는 바로 이러한 지향점을 갖고 한국사회 이타적 행동에 대해 균형적이고 포괄적인 시각에서 지식의 기반을 구축해 보고자 노력한다. 이타성 및 이타적 행동은 한국사회의 생존과 관련해서도 너무나도 중요한 사회적 과제이자 연구 주제(최정규, 2009)이기 때문에, 향후에도 지속적으로 연구를 진행할 필요가 있다. 특히 본 연구가 갖는 제한점들을 보완 및 극복하는 방향에서 한국사회에서 발현되는 이타적 행동에 대한 연구가 지속되어 더욱 확장 및 심화된 이해가 구축되고 한국사회가 보다 이타적인 사회로 발전하는 데 기여할 수 있길 소망해 본다.

제2장

이타주의에 대한 이해

제2장 이타주의에 대한 이해

제1절 이타주의의 개념과 유사개념 검토

이타적 행동에 대한 이해를 위해서 이타주의에 대한 이해는 필수적이다. 따라서 본 장은 이타주의의 개념을 이해하며 정리해 보는 데 목적을 둔다. 이타주의에 대한 이해를 위해 먼저 이타적 행동을 실천하는 모범적인 시민 즉 이타주의자를 상상해보는 방식으로 이타주의에 대한 기초적 이해를 도모해 볼 수 있다. 남을 돕는 사람들, 더 나아가서 자신을 희생하며 이와 유사한 행동을 하는 사람들을 우리는 '이타주의자'라고 칭한다(이동렬, 강철희, 2002; 이지연, 2003; McWilliams, 1984). 남을 돕는 행동, 남을 위해 자신을 희생하는 행동을 이타주의의 모든 것으로 보기엔 부족함이 있지만, 그럼에도 불구하고 이타주의에 대한 다양한 접근들이 기본적으로 이러한 이해를 기반으로 논의를 전개하고 있는 것은 부인할 수 없는 사실이다.

이타주의에 대한 이해를 위해 우선적으로 사전적 의미를 살펴볼 필요가 있다. 우리말 사전에서 이타주의(利他主義, altruism)는 '사랑을 주의로 하고 질서를 기초로 하여 자기를 희생함으로써 타인의 행복과 복리의 증가를 행위의 목적으로 하는 생각. 또는 그 행위'를 의미한다[1]). 사전적 정의에서 이타주의의 의미에는 '인간에 대한 사랑'과 '자신이 속한 사회의 질서에 대한 존중'이란 기본 토대와 함께 타인의 행복 또는 복리의 증대를 목적으로 자신을 희생(sacrifice)하는 생각 또는 행동이란 발현 과정이 결합되어 있음을 인식할 수 있다.

사전적 정의에서는 이타주의의 기본 토대와 발현 과정을 포괄하고 있지만 이는 상당히 추상적이라고 할 수 있다. 이타주의에 대한 구체적인 이해에 있어서 그나마 단순하게 접근해 볼 수 있는 방법은 이타적 행동에 초점을 두는 것이다. 이타주의 그리고 이타성이 발현되어 나타나는 행동, 즉 이타적 행동에 대한 학자별 정의를 정리해 보면 다음과 같다.

이타주의(altruism)란 용어를 처음 사용한 학자로 알려진 Auguste Comte(1851)는 이기주의적 입장에서 타인을 돕는 행동을 해석하며 이를 자기이익과 자기만족(self-benefit and self-gratification) 이기주의로 칭하였고, 이에 대응하는 개념으로서 다른 사람을 위한 비이기적인 욕구가 타인을 돕는 사회적 행동으로 나타날 수도 있는 것으로 이해하며 이를 이타주의로 칭하였다(Batson, 1991). 사회생물학과 경제학에서는 이타주의를 비용의 관점에서 정의하는 경향이 있는데, 대표적으로 사회생물학자 Wilson(1975)은 이타주의를 다른 사람의 이익을 위해 수행되는 자기-파괴적 행동으로 정의한다. 즉 수혜자보다 행위자에게 더 적은 이득이 나타날 때 이를 이타적 행동으로 부를 수 있다고 본다. 경제학자 Margolis(1982)도 이타적 행동을 행위자가 자신을 위해 다른 선택을 할 수 있었음에도 불구하고 타인을 고려하는 방식의 선택을 통해 희생(비용이 발생)을 감수하는 것으로 정의하고 있다.

1) 국립국어원 표준국어 대사전.

〈표 1〉 이타적 행동에 초점으로 한 이타주의에 대한 정의

학자	이타주의에 대한 정의
Auguste Comte(1851)	다른 사람을 위한 비이기적인 욕구가 타인을 돕는 사회적 행동으로 나타날 수도 있음.
Wilson(1975)	다른 사람의 이익을 위해 수행되는 자기-파괴적 행동.
Margolis(1982)	행위자가 자신을 위해 다른 선택을 할 수 있었음에도 불구하고 타인을 고려하는 방식의 선택을 통해 희생(비용이 발생)을 감수하는 것.
Blum(1980)	자신을 희생하고 타인의 행복에 관심을 갖는 것, 혹은 그런 관심에 따라 동기화된 행동.
Batson(1998)	어떤 보상이 주어지는 것과 무관하게 타인을 돕겠다는 동기에 기반하여 행해지는 행동.

한편 철학자 Blum(1980)은 이타주의를 "자신을 희생하고 타인의 행복에 관심을 갖는 것, 혹은 그런 관심에 따라 동기화된 행동"이라고 정의한다(pp.9-10). 그는 깊은 동정과 공감, 관심이 이타적 행동을 촉발시킨다고 주장하는데, 이러한 주장에 많은 심리학자들은 동의하는 경향이 크다(Eisenberg, 1986). 이타적 행동에 대한 심리학적 정의 중 널리 알려진 것은 Batson(1998)의 정의라 할 수 있는데, 그는 이타적 행동을 어떤 보상이 주어지는 것과 무관하게 타인을 돕겠다는 동기에 기반하여 행해지는 행동으로 정의하고 있다. 이타적 행동에 대한 여러 학자들의 정의를 정리하면 〈표 1〉과 같다.

다음은 이타적 행동과 유사하게 사용되는 개념인 친사회적 행동(pro-social behavior)과 도움행동(helping behavior)의 의미 비교를 통해 이타주의와 이타적 행동에 대한 기본 이해를 구축해보고자 한다. 이타적 행동과 가장 유사하게 사용되는 용어는 친사회적 행동(pro-social behavior)이라 할 수 있다. 사실 '친사회적(prosocial)'이란 말은 사전에서도 그 의미가 명확히 설명되지 않고 있는데 이는 '반사회적(antisocial)'

이란 말에 반대되는 의미로 사회과학자들이 구성해 낸 말이라고 설명하기도 한다(Geen, 1998). 이런 상황에도 불구하고 친사회적 행동에 대해 많은 연구자들이 논의를 전개해나가고 있는데 이를 통해 친사회적 행동에 대한 정의를 살펴볼 수 있다. 먼저 Hoffman(1982)은 외적인 보상을 바라지 않으면서 타인의 유익을 위해 자발적으로 수행하는 행동으로 친사회적 행동을 정의하였으며, Eisenberg와 Miller(1987)는 타인에게 도움을 주는 모든 행동을 친사회적 행동으로 정의하고 있다.

도움행동(helping behavior) 역시 친사회적 행동과 함께 이타주의, 이타적 행동과 명확히 구분되지 않은 채 사용되는 용어 중 하나인데, 도움행동에 대한 정의를 살펴보면 다음과 같다. 먼저 Dawkins(1976)는 도움행동의 행위적 측면에 초점을 맞춰서 누군가가 자신의 손실 혹은 희생을 감수하면서 타인의 복지를 증가시키는 행위로 정의한다. Underwood와 Moore(1982)는 자신보다 타인을 더 이롭게 하려는 분명한 의도를 가지고 행해진 행동을 도움행동으로 정의하는데, 이러한 정의는 행위적인 측면보다 동기적인 측면에 방점을 찍고 있는 것으로 해석해 볼 수 있다. Macaulay 등(1970)은 외적인 보상을 기대하지 않고 타인을 이롭게 하기 위해 행해지는 행동을 도움행동으로 정의하고 있다. 김용훈 등(2012)은 기존 학자들의 도움행동에 대한 정의를 기반으로 '타인이 어려운 상황에 처했을 때 자신의 이익을 다소 포기하고서라도 자발적으로 상대방에게 도움을 주는 모든 행동'으로 도움행동을 정의하고 있다. 이타주의, 이타적 행동과 유사하게 활용되는 용어의 정의를 정리한 것은 〈표 2〉와 같다.

앞에 정리한 바를 종합해보면 이타적 행동, 친사회적 행동, 도움행동에 대한 정의상의 구분이 그리 용이하지 않음을 인식할 수 있다. 명확한 구분의 난해함이 실제 현실에서 다양한 용어들이 혼용되어 사

〈표 2〉 이타주의, 이타적 행동의 유사개념 정리

구분	학자	정의
친사회적 행동 (prosocial behavior)	Geen(1998)	'반사회적(antisocial)'이란 말에 반대되는 의미로 사회과학자들이 구성해 낸 말.
	Hoffman(1982)	외적인 보상을 바라지 않으면서 타인의 유익을 위해 자발적으로 수행하는 행동.
	Eisenberg와 Miller(1987)	타인에게 도움을 주는 모든 행동.
도움행동 (helping behavior)	Dawkins(1976)	도움행동의 행위적 측면에 초점을 맞춰서 누군가가 자신의 손실 혹은 희생을 감수하면서 타인의 복지를 증가시키는 행위.
	Underwood와 Moore(1982)	자신보다 타인을 더 이롭게 하려는 분명한 의도를 가지고 행해진 행동(동기에 중심).
	Macaulay 등 (1970)	외적인 보상을 기대하지 않고 타인을 이롭게 하기 위해 행해지는 행동.
	김용훈 등(2012)	타인이 어려운 상황에 처했을 때 자신의 이익을 다소 포기하고서라도 자발적으로 상대방에게 도움을 주는 모든 행동.

용되는 경향성으로 반영되고 있음을 인식할 수 있다. 이런 상황에서 각 행동의 관계에 대한 정리를 시도하는 연구들도 있는데 그 세부적인 내용은 다음과 같다. 먼저 McIntyre(1967)는 친사회적 행동을 이타적 행동의 상위범주로 보고, 이타적 행동은 외적인 보상을 기대하지 않고 행해지는 자기희생적인 조력행동임을 강조한다. Batson(1998)은 친사회적 행동과 이타적 행동을 구분하는 데 있어 친사회적 행동의 요건, 즉 남을 도와주거나, 위로해 주거나, 나누어 가지거나, 협력하는 것과 같은 다른 사람의 현재 상황을 개선시키려는 행동을 가리키는 포괄적인 의미의 행동과 함께 조망수용과 공감이란 동기가 형성되어야 이타적 행동인 것으로 간주 될 수 있다고 주장한다. 그 외에도 Bar-Tal(1982)은 도움행동을 그 도움행동을 발생시키는 동기와 관련지어 구분하며, 그 동기 중에서 가장 높은 위치를 차지하고 있는 것

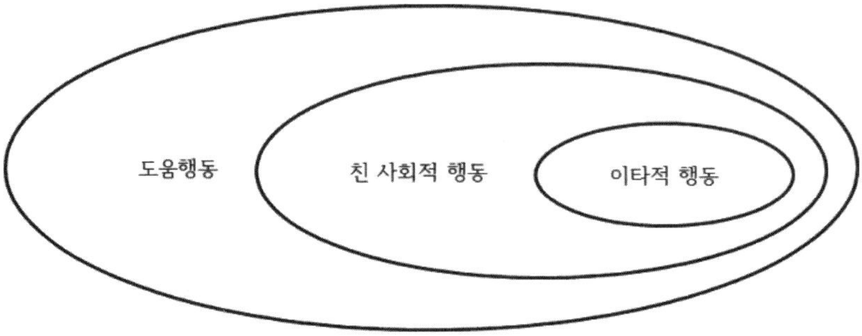

〈그림 1〉 이타적 행동의 유사개념의 관계: Bierhoff(2001), p.10

을 이타적 행동인 것으로 설명한다. 그는 친사회적 행동이 이타적 행동으로 불리기 위해서는 다음의 다섯 가지 조건이 충족되어야 한다고 설명한다. 첫째, 타인에게 이득을 주어야 한다. 둘째, 외부의 압력 때문이 아니라 자발적으로 행해져야 한다. 셋째, 그 행위 자체가 목적이어야 한다. 넷째, 개인적 이득을 바라지 말아야 한다. 다섯째, 어느 정도의 자기희생이 있어야 한다. 이 다섯 가지 조건이 갖춰질 때 친사회적 행동을 넘어 이타적 행동인 것으로 간주될 수 있다고 주장한다. 마지막으로 Bierhoff(2001)[2]는 남을 도와주는 행동, 친사회적 행동(prosocial behavior), 이타적 행동은 도움을 주는 사람과 도움을 받는 수혜자(受惠者) 간의 상호작용을 통해 구별될 수 있음을 주장한다. 그에 따르면 도움행동은 가장 넓은 의미의 일반적인 도움 행위를 총괄적으로 칭하는 개념이고, 친사회적 행동은 그보다 좁은 의미로 도움을 받는 사람의 상황을 개선시키려는 의도가 포함된 개념인데, 친사회적 행동에서 그 행위는 직업적 의무감 때문에 행해진 것이 아니며,

2) Prosocial Behavior(2001). pp.9-10.

수혜자는 학교나 고아원 같은 기관이나 조직이 아닌 사람이어야 함을 강조한다. 가장 제한적인 의미를 갖는다고 볼 수 있는 이타적 행동은 타인의 욕구 및 필요에 기반한 행동으로서 타인의 문제 상황에 대한 해결책을 찾아줌으로써 타인의 복지를 증대시킬 때, 비로소 이타적 행동으로 간주될 수 있다고 설명한다. 그리고 이타적 행동의 가장 대표적인 사례는 성경의 '착한 사마리아인' 사례[3]임을 제시한다. 각 개념 간 관계에 대한 이러한 이해를 그림으로 표현한 것은 〈그림 1〉과 같다.

이상의 논의를 정리해 보면, 이타주의에 대한 정의는 매우 다양하다는 것을 알 수 있다. 그리고 이타성에 기반하여 발현되는 이타적 행동에 대한 이해 역시 다양하다. 그리고 관련 개념들 간 구분이 그리 용이하지 않은 경향도 있다. 그럼에도 불구하고 개념들 간의 차이를 구분해 보고자 할 때, 위의 도식은 하나의 길잡이 역할을 할 수도 있다. 그러나 위의 도식 역시 특정 학문 분야에서는 수용될 수 있으나, 다른 학문 분야 논의에서는 제한적일 수 있다는 점을 유의해야 할 것이다. 따라서 다양한 학문 분야에서 이타주의를 어떻게 접근하고 있는지를 살펴보면서 이타주의에 대한 이해를 다각화시켜 볼 수 있어야 할 것이다.

---

3) 신약성경 누가복음 10장 30-37절에서 유래된 사례. 어느 한 유대인이 강도에게 당해 다쳤을 때 유대인 제사장, 레위인은 이 다친 사람을 보고 그냥 지나가게 되지만 유대인들에게 멸시당하며 사는 사마리아인은 이를 보고 구제해 준다.

제2절 주요 학문별 이타주의에 대한 접근

이타주의라는 용어가 등장하기 훨씬 이전부터 현재까지 다양한 학문 분야에서 인간사회에서 나타나는 이타적 행동과 협력행동에 대한 논의가 이어져왔다. 이번 절에서는 이타주의에 대한 다양한 학문별 이해양상을 정리해보고자 한다. 구체적으로는 각 학문별로 이타주의를 이해하는 데 있어 적용하고 있는 시각 및 논의의 초점을 살펴보았다.

먼저 인간의 본성과 이타주의를 연결하여 논의하는 철학 및 종교학의 접근(김동현, 2015; 구춘서, 2009; 박이문, 2014; 박일준, 2009; 안환기, 2014; 이한구, 2000; 이홍우, 1996)을 간략히 정리해본다. 두 번째로는 인간 역사 및 각 사회에서 관찰되는 이타적 행동의 실제 증거기반을 제공하고 있는 고고학 및 민속지학의 접근(이청규, 2014; Berkowitz & Daniels, 1963; Carballo, 2012; Dye, 2009; Ferguson; 1997; Gumerman et al., 2003; Gould, 1976; McDougall, 1908; Marlowe, 2005; Mead, 1950; Simmons, 1991)을 정리해본다. 세 번째로는 이타주의 논의의 본류라고 할 수 있는 사회생물학의 접근(최재천 외, 2008; Darwin; 1859; Hamilton, 1963; Hamilton, 1964; Trivers, 1971; Wilson, 1975)을 간략히 살펴본다. 네 번째로는 사회생물학의 연구 성과에 대한 통찰에 기반하여 진화적 게임이론 등을 적용시키며 이타주의에 대한 이해를 점차 확장시켜 나가고 있는 경제학의 이타주의에 대한 접근(최정규, 2009; Bowles & Gintis, 2011)을 간략히 정리해본다. 마지막으로 인간의 이타적 행동의 동기(motivation)에 초점을 두고 논의를 전개해가고 있는 심리학의 접근(Batson, 1991; Murphy, Murphy & Newcomb, 1937)을 정리함으로써 이타주의에 대한 다양한 학문별 시각을 종합하여 개괄해본다.

1. 철학 및 종교의 이타주의에 대한 이해

1) 철학에서의 이타주의에 대한 접근

철학은 인간과 세계에 대한 근본 원리와 삶의 본질에 초점을 두고 문답(問答)이나 종합, 비판, 변증 등의 사고를 통해 연구하는 학문이라 할 수 있다(최명관, 곽신환, 2014). 이런 맥락에서 핵심적인 질문으로 다루어지는 '인간의 본성은 이기적인가? 이타적인가?'에 대한 논의는 이타주의에 대한 관심으로 연결되고 있다. 구체적으로 살펴보면 철학에서 인간의 본성에 대한 견해는 크게 3가지 흐름으로 정리되는데, 첫째, 인간은 근본적으로 악한 존재이며 사회화 과정을 통해 인간다워진다는 견해, 둘째, 인간은 근본적으로 선한 존재이며 악은 불가피하고 고약한 사회적 상황에서 기인한다는 견해, 마지막으로 인간의 본성은 기본적으로 '중립적'이며 악하지도 선하지도 않다는 견해로 집약된다. 철학에서 제시되는 인간 본성에 대한 견해와 논의가 이타주의에 대한 논의와 매우 밀접한 연관을 가지고 있다(이홍우, 1996).

이타주의에 대한 철학적 접근의 구조에 대해 박이문(2014)은 다음과 같이 설명한다. 서양의 전통에서 철학은 존재론, 인식론, 가치론으로 구분되는데, 이타주의의 문제는 가치론 중에서 윤리학과 도덕철학의 영역에 속하고 이 영역에서의 인간에 대한 이해는 기본적으로 선한 존재로서의 인간과 이타성에 초점을 둔다고 설명한다. 인간은 사회적 동물로서 인간 간 관계에서 협동과 갈등 모두를 경험할 수밖에 없는 존재이긴 하나 궁극적으로는 이타적 동물로서 살아가는 존재라는 시각에 기반해서 인간에 대한 이해와 논의를 전개한다는 것이다(박이문, 2014).

철학에서는 인간의 본성을 악한 존재, 즉 인간의 본성을 이기적인 것으로 다루고도 있는데, 이러한 견해 또한 이타주의에 대한 철학적 접근과 일정부분 연관성을 가지고 있다고 한다(이한구, 2000). 그리고 철학에서 인간 본성에 대한 이기적 시각이 부상하게 된 것은 근대에 들어서라고 한다. 근대에 이르러 철학적 논의에서 인간의 본성에 대한 이기주의적 설명이 인간의 본성에 대한 이타주의적 견해 보다 지배적이었다고 한다(김성한, 2006). 이기주의를 대표하는 사상가들로 우리가 흔히 문헌을 통해 접할 수 있는 순자(荀子), Thomas Hobbes 등을 꼽을 수 있는데, Hobbes는 이기적인 인간들이 구성하는 사회의 질서를 지키기 위해 엄격한 법치주의, 개인을 규제할 수 있는 강력한 국가가 필요하다는 것을 주장하였는데, 그 배경에는 이기적인 인간이 자리하고 있었던 것이다. 근대의 철학적 논의에서 이기주의 시각에 대한 비판이 있었지만[4] 그럼에도 불구하고 생존경쟁에서 이긴 자만이 살아남는다는 진화론적 기반의 생물학적 증거들은 이기주의 시각을 강력하게 뒷받침해 줄 수 있었기 때문에 그 주장은 좀 더 유효하게 받아들여져 왔다고 한다(이한구, 2000). 그리고 Williams[5]와 Dawkins[6]의 저서들은 유전자의 선택과 종의 번식을 위한 이기주의적 입장을 천명하고 있는데, 이러한 뒷받침 속에서 인간의 본성에 대한 철학 영역에서의 이기주의 견해와 주장은 오늘날에도 더 큰 힘을 갖게 되는 경향이 있다고 한다(김성한, 2006; 이한구, 2000).

이렇듯 오늘날 이기주의 및 이타주의에 대한 철학적 관점은 진화(사회)생물학의 발전과 더불어 즉 다른 학문 영역의 논의와 연계해서

---

4) 루소(J. Rousseau)와 흄(D. Hume) 등은 자비심과 동정심이 인간의 자연적인 감정이라고 주장하였으며, 쾌락주의자들의 비판(J. Butler)도 거셌다.

5) 『적응과 자연선택(*Adaptation and the Natural Selection*)』.

6) 『이기적 유전자(*The Selfish Gene*)』.

전개되는 양상이라 할 수 있는데(김성한, 2006; 이한구, 2000), 이와 관련해서 이한구(2000)는 진화론의 발전과 더불어 이기주의와 이타주의 개념에 대한 논쟁이 철학에서 재점화되고 있다고 설명한다. 그에 따르면 근대 철학에서는 이기주의적 시각은 인간이 궁극적으로는 자신의 이익만을 추구[7]한다고 보는 반면, 이타주의적 시각은 인간이 때때로 다른 사람의 이익에 대해서도 자기 이익을 위한 수단이 아니라 다른 사람의 이익 자체를 목적으로 하여 관심을 갖는 존재로 이해한다고 한다. 즉 인간은 자기 자신의 이익에 대해서 뿐만 아니라 때로는 다른 사람의 이익에 대해서도 궁극적인 관심을 갖는데[8], 바로 이때 '때때로'의 의미는 매우 의미심장한 것으로서 볼 수 있다고 한다. 이러한 이타주의에 대한 시각은 '약한 이타주의'로 이해될 수 있지만, 약한 이타주의 논의 자체가 이기주의를 부정할 수 있는 매우 의미심장한 논의일 수 있다고 설명한다(이한구, 2000).

이렇듯 오늘날 이타주의에 대한 철학적 논의는 사회생물학의 발전적 논의에 영향을 받는 경향이 있음을 인식할 수 있다. 그런데 흥미롭게도 그 영향은 인간을 이기적 존재로만 한정하지 않고 이타적 존재로 새롭게 이해하며 그 논의를 더 확장시키는 데 일정 부분 기여하는 경향이 있음을 인식할 수 있다.

2) 종교에서의 이타주의에 대한 접근

종교의 영역에서 이타주의에 대한 논의는 각 종교별로 다소의 상이함을 갖는 경향이 있어 일괄적으로 논의하고 정리하는 것이 그리

7) 여기서 욕망의 의식성과 무의식성, 욕망의 충족에 걸리는 시간, 물질적 이익인지 아닌지는 중요하지 않다.

8) 이타주의에서 이타의 대상은 큰 문제가 되지 않는다.

용이하진 않다. 따라서 다음에서는 서양의 대표 종교인 기독교와 동양의 대표 종교인 불교에 초점을 두고 각 종교에서의 이타주의에 대한 핵심 논의 내용을 정리해 본다.

먼저 기독교의 경우, 인간은 이타적일 수밖에 없는 존재로 여긴다. 그 이유는 인간은 '하느님의 모상'으로 창조되었기 때문이다. 즉 기독교에서는 하느님의 모상으로 인간이 태어났기에, 하느님을 닮아 가는 존재이어야만 하는 인간은 하느님의 가르침을 배우고 실천하며 이타적인 본성을 향해 나아가면서 하느님께 다가갈 수밖에 없는 존재임이 강조된다(구춘서, 2009; 김동현, 2015; 박일준, 2009). 인간 이타성의 원천적 이유에 더해, 아우구스티누스는 좀 더 구체적으로 인간은 기독교 신앙 안에서 정립된 인격을 지닌 존재로서 타인에게 개방된 존재일 수밖에 없다고 설명한다. 기독교의 시각에서 볼 때 인간은 다른 존재들과 선한 관계를 맺으며 그 선한 관계 속에서 자신을 완성해 나갈 수밖에 없는 존재라는 것이다. 구체적으로 기독교적 인격체로서 인간은 타인에 대한 수용과 타인을 향한 이타적 행동을 기반으로 스스로를 정립해 나갈 수밖에 없는 존재임이 강조된다(김동현, 2015). 기독교에서의 이타성에 대한 논의를 정리해 보면, 인간은 하느님의 모상으로 창조된(창세기 1장 26-27절) 존재로서 하느님의 모습을 닮아가기 위해 타인과 이타적 관계를 형성해 가며 하느님께 다가갈 수밖에 없는 유일한 피조물이라는 것이다.

다음으로 부처의 자비심과 관용 등의 개념에 기반하는 불교의 이타주의에 대한 논의를 이해해 보고자 한다. 불교에서도 역시 이타주의의 한 측면인 이타적 행동을 매우 중요하게 여긴다. 특히 수행을 강조하면서 진정한 이타적 인간을 향해 정진해 나가는 과정에 큰 관심을 두는 경향이 있다. 안환기(2014)는 인간이 수행에 따라 이타성의 경지에 도달할 수 있음을 강조하는 유식불교 사상에 기반하여 이타성에 대한 불교에서의 이해를 단계별로 다음과 같이 설명한다. 그에 따르면 이타적 행동은 중생의 이타적 행위(자기 자신의 이익을 위한 행위)와 수행과정에서 나타나는 이타적 행위(마음에서 이타적 행위 요인과 이기적 행위 요인이 공존하는 상태), 마지막으로는 보살의 경지에서 나타나는 이타적 행위(타인의 이익을 위한 행위) 등으로 구분될 수 있다고 설명한다. 불교에서 바라보는 인간은 원래 일상생활에서 욕망에 의해 제한될 수밖에 없는 존재로서, 아름다운 것을 보면 자신의 것으로 소유코자 하고 소유한 것은 놓지 않으려 하는 존재로서 타인과 갈등을 가질 수밖에 없는 그런 존재이다. 이런 속성을 고려할 때 인간의 본성은 원래 이타적일 수 없는데, 부처의 가르침을 배워 나가고자 하는 수행을 통해 변화될 수 있다는 것이다. 수행을 통해 비로소 인간은 이기적 마음의 상태에서 이타적 마음의 상태로 바뀔 수 있다는 것이다. 즉 불교에서의 이타성 논의는 인간은 원래 이기주의적 존재이나 수행의 과정을 통해서 보살의 경지에 이를 때 온전히 타인을 위한 행위에 집중할 수 있는 질적 변화를 이루는 존재가 된다는 것으로 요약할 수 있다(안환기, 2014).

이타주의에 대한 종교적 논의를 정리해 보면, 주요 종교는 신의 피조물로서 그를 닮아가야만 하는 존재 그리고 위대한 가르침을 따르고자 노력해야만 하는 존재로 인간을 설정하며 그런 설정 속에서 인간 이타성의 필연성을 논의하는 경향이 있다.

2. 고고학과 민속지학의 이타주의에 대한 이해

인간이 남긴 각종 흔적을 기반으로 인간의 행위양상과 사회·문화·경제 등을 연구하는 학문, 즉 문자가 없던 시대의 "말 없는 역사"를 유물과 유적에 기반한 고증을 통해 밝히는 학문인 고고학(이종건 외, 2014)에서의 이타주의 이해는 협력 행동 등과 관련된 증거와 해석을 통한 방식으로 전개되고 있다.

'인간은 사회적 동물'이라는 논의가 있기 훨씬 이전부터 인간은 생존을 위해 집단을 구성하며 협력적으로 생활해 왔는데, 고고학의 다양한 증거들은 이를 보여준다. 문자가 없던 시절 인간은 외부의 위험에 대응하고자 그리고 수렵 및 채취를 통해 생존하고자 공동생활을 하며 협력을 실행해 왔는데, 이를 밝히는 고고학 연구들(이청규, 2014; Carballo, 2012; Gumerman et al., 2003; Marlowe, 2005)은 인간 역사 속에서 어떻게 협력이 시작되었고 협력의 과정 속에서 이타적 행동이 어떻게 발현되었는지에 대한 추론을 제공한다. 이와 더불어 고고학적 연구는 역설적이게도 전쟁이라는 것이 인간의 협력행동이 가장 극대화된 형태(Bauer et al., 2016)였음을 밝히기도 한다. 즉 전쟁의 모습과 그 증거를 밝히는 다양한 연구들(Dye, 2009; Carballo, 2012; Ferguson; 1997)은 인간이 집단을 이뤄 생존하는 과정에서 집단 간 전쟁을 통해 어떻게 집단 내 협력행동을 행하고 발전시켜왔는지를 설명하는데, 이러한 설명 역시 인간의 이타적 행동[9]의 이해에 대한 또 다른 단초가 될 수 있다.

한편 인간사회의 문화와 다양한 현상을 현장조사를 통해 기술하

---

9) 물론 전쟁에서 나타나는 이타적 행동은 집단에 한정된 이타적 행동으로 우리가 다루는 이타적 행동과는 개념적 차이가 있음을 밝혀둔다.

고 이를 기반으로 인간과 사회에 대한 이해를 제고시키는 민속지학(ethnography)도 인간의 이타적 행동에 대한 이해를 다각화시키는데 크게 기여한다. 앞서 고고학에서 살펴본 바와 같이 인간사회는 협력적 행동, 이타적 행동을 내재화시켜 생존해 왔기 때문에, 민속지학에서도 이를 살펴보는 연구들이 활발히 이뤄져 오고 있다. Gould(1976)의 연구가 대표적인 것 중의 하나라 할 수 있다. Gould는 늙은 에스키모인 가족들이 음식을 찾아 이사를 갈 때 다른 가족 구성원들을 위해 자신은 얼음 벌에 남아 있음으로써 실제적으로 자신은 죽음을 맞이하게 된다는 고전적인 이야기를 활용하여 이타적 행동에 대한 설명을 시도한다. 늙은 에스키모인이 함께 이동을 하게 될 경우 가족 전체의 생존에 위협을 줄 수 있기 때문에 가족을 위해 이러한 방식의 이타적 행동을 행하는데, 그에 따르면 이런 희생적 행동이 발생되게 영향을 미치는 기제는 흥미롭게도 유전적인 것이라기보다는 오랜 기간 학습되어 온 전통이라고 설명한다. 즉 희생적 행동은 문화적응적인 이타행동인데, 이는 오랜 전통에 기반한 것임을 의미한다. 에스키모 아동은 관찰을 통해 자기 자신만의 삶보다는 씨족의 삶을 중시하는 것을 학습하게 되고, 그러한 어른들의 행동을 영웅다운 행동으로 간주하며 그들을 찬양하게 되는데, 이런 전통은 어린 시절서부터 삶의 과정에서 학습의 과정을 통해 강화되는 경향이 크다고 한다(Gould, 1976). 이와 유사한 접근을 행하는 인류학자 Margaret Mead(1950)의 뉴기니아 세 종족의 이타적 행동에 대한 연구 역시 흥미롭다. Mead는 인간의 행동은 순응성(malleability)을 지니는데 특히 규범에 의한 영향을 많이 받는 경향이 있다고 설명한다. 뉴기니아 세 종족의 이타적 행동에 대해 관찰해 온 결과, 각 종족에 따라 적절한 행동에 대한 규범이 다르고 이 규범이 각 종족의 이타적 행동을 결정하는 경향이 매우 높다는 것을 발견하였다(Mead, 1950). Mead의 연구를 계기로 이타적 행동을 이해하는 데 있어 사회적 규범에 초점을 두면서 규범이 어떻게 전수되어 이타적 행동에 어떤 영향을 주는지에 대한 관심이 촉발되었다고 한다(Berkowitz & Daniels, 1963).

위에서 살펴보았듯이, 고고학과 민속지학의 연구들은 인간의 이타성과 관련된 많은 증거들을 제시해 준다. 그리고 고고학과 민속지학 연구의 결과들은 다양한 학문 영역에서 이타주의에 대한 논의와 연구를 좀 더 정교하게 구축해 나갈 수 있게 이끄는 기능 또한 수행해 나가고 있다.

3. 사회생물학의 이타주의에 대한 이해

사회학적 현상을 생물학적 지식을 이용하여 탐구하는 학문으로 정의되는 사회생물학(sociobiology), 즉 다윈의 진화론을 기반으로 관찰과 실험 등을 통해 인간을 포함한 동물의 사회적 행동의 법칙을 찾아 나가는 방식의 연구를 진행하는 사회생물학(최재천 외, 2008)은 오늘날 이타주의 논의의 핵심 학문 영역으로 자리매김하고 있다. 즉 이타주의 논의는 사회생물학으로부터 출발하고 있다고 해도 과언이 아닐 정도로 오늘날 이타성에 대한 이해와 관련해서 사회생물학의 기여는 핵심적이다.

사회생물학적 논의의 시작은 Darwin(1859)의 진화론이라 할 수 있다. 그가 『종의 기원』에서 주장한 핵심 가설은 자연선택설이다. 자연선택설은 한 종(species)을 이루는 개체들에서도 유전적 특성에 차이가 발생할 수 있으며 어떤 특성이 다른 특성보다 생존과 번식에 유리하게 작용할 경우 그 특성이 널리 퍼지게 된다는 것이다. 이는 궁극적으로 종의 특성을 변화시키고 다른 종(species)의 출연을 만들어 낼 수 있다는 것이다. 즉 주요한 특성들이 자연선택에 의해 유전된다는 점에 주목할 때 진화 기제의 핵심은 바로 자연선택(natural selection)이다(최재천 외, 2008; 최정규, 2009; Bowles & Gintis, 2011). 자연선택론에서 Darwin은 이타적 행동에 대해서도 언급하기는 하였으나 이에 대해서는 큰 관심을 불러일으키지는 못했던 것으로 평가[10]되고 있다.

다윈의 진화론에 기반하여 이타주의에 대한 핵심 가설인 혈연선택설(kin selection)을 주장한 학자는 Hamilton(1963)이다. 그는 포괄적응도(inclusive fitness)라는 개념을 적용하여 혈연 네트워크 안에서 개체들의 진화법칙을 수식화[11]하였다. 이를 통해서 이타적 행동과 이기적 행동, 그리고 악의적 행동(의지악)과 유전적 적응도의 변화를 설명하였다. 먼저 이타적 행동을 하는 개체는 자신의 유전적 적응도를 감소시키지만 종족의 적응도를 높여 결과적으로 공유 유전자가 다음 대에서 증가하게 되며, 이기적 행동을 하는 개체는 종족의 적응도를 감소시키고 자신의 적응도를 증대시킨다는 것이다. 그런데 악의적 행동은 근친관계가 없는 경쟁자의 적응도를 감소시키면서 자신의 적응도도 감소시키지만(또는 향상시키지 않거나), 종족의 적응도는 자신이 잃은 것만큼 증가되게 하는 결과로 이어진다고 설명한다. 그는 인간의 마음은 근연계수(즉 혈연의 멀고 가까움)를 직관적으로 계산해서 거기에 상응한 이타적 행동을 취하도록 구성되어 있고 포괄 적응도 개념을 통해 자신의 사회적 파급력을 재평가하는 데 적용된다고 설명한다

10) 이와 관련된 내용은 경희대학교 후마니타스학부 전중환 교수의 〈협력의 공식〉에도 설명되어 있다. 현재 사이언스북스에 온라인 연재 중이다.

11) $k > \frac{1}{\bar{\gamma}}$($k$: 적응도의 득실의 비, $\bar{\gamma}$: 근친개체 전체에 대한 평균 근연계수)

(Hamilton, 1963; 1964)[12]. 즉 적자생존이라는 원칙에도 불구하고 유전자의 번성이라는 보다 큰 이익을 위해 가족 및 친척 등 혈연관계에 있는 개체끼리는 자신에게는 손해가 나더라도 다른 개체에게 이익이 되는 이타적 행동을 하는 것이 합리적이라는 것이다. 즉 나 자신은 희생하며 내 자식을 돕고, 내 형제를 돕고, 더 나아가서 내 손자와 손녀 및 조카들을 돕는 것은 다름 아니라 나와 동일한 유전자를 지니는 이들이 늘어나게 하는 기회를 증대시키는 행위로 결과적으로는 나의 유전자를 퍼뜨릴 기회가 제고될 수 있게 한다는 것이다. 희생에 따라 이타적 행동의 비용이 들지만 이득이 비용을 초과한다면 우리는 기꺼이 혈연적 개체들을 돕게 된다는 것이다. 혈연선택가설의 주장에 따르면, 가까운 혈연관계에 있는 사람을 돕는 행위가 개체에게는(혹은 유전자에게는) 유리하며, 혈연관계에 있지만 촌수가 멀어 유전자를 공유할 가능성이 낮은 경우에는 이타적 행동이 유전자를 퍼뜨리는 결과로 이어질 확률이 그만큼 낮아지므로 개체가 그런 대상에게 이타적 행동을 할 가능성은 그만큼 희박해지게 된다는 것이다(최정규, 2009)[13].

사회생물학에서 이타주의를 설명하는 또 하나의 주요한 가설은 상호성(reciporcity)이라고 할 수 있다. Trivers는 상호성에 기반한 이타주의(reciprocal altruism) 개념을 통해 자연선택이론에 적용한 학자로 평

---

12) Wilson은 Hamilton의 혈연선택이론에서 발현되는 이타적 행동을 맹목적 이타주의로 명명한다.

13) Dawkins는 1990년 『이기적 유전자(*The Selfish Gene*)』에서 개체는 유전자를 담고 있는 유전자 담지자에 불과하고 유전자의 이익, 즉 최대한 많은 유전자를 복제하려는 목표를 위해 희생할 수 있다고 유전자의 관점에서 진화론을 이해해야 함을 강조하였다. 이러한 혈연선택이론은 이타적 행위 이면에 유전자의 이기적 동기가 숨어 있다는 데에서 출발하고 있다. 그러나 혈연관계끼리의 이타적인 행위는 잘 설명하는 데 반해 생전 보지도 못한 사람들을 도와주기도 하는 인간사회에서 나타나는 이타적인 행동을 설명하지는 못한다는 한계를 가지고 있다.

가받는다. 그의 주장의 핵심은 서로 다른 시기에 개체들 간 이타적인 행동의 교환이 일어난다는 것이다. 즉 어떤 개체가 타인에 대해 이타적인 행동을 할 때에는 이후에 자신의 이타적 행동이 보상될 것이라는 점을 기대하면서 그러한 행동이 전개된다고 보았다(Trivers, 1971)[14]. 즉 사람들 사이에서 이기적 동기에 기반한 행위들이 반복적으로 일어난다고 했을 때, "당장에는 배신(이기적인 행동)을 하는 것이 이득일지 몰라도, 내가 지금 배신(이기적인 행동)을 하면 다음에 계속되는 거래에서 이익을 얻을 수 없으므로 협조를 하는 것이 장기적으로 보다 유리할 것이다"라는 이해타산이 성립할 수 있다는 것이다. 또한 둘 사이의 상호작용이 지속될 것임이 전제되는 경우 이기적 행동을 했을 때 '상대방이 다음 회에 보복할 것을 두려워해서' 그렇게 행동을 하지 못한다는 것이다. 여기서 보복이란 다름 아니라 "네가 이번에 협조를 안 하면 나도 다음번에 너와 똑같이 협조를 안 할 것이다"라는 형태로 나타날 수 있는데, 이런 이해가 경제학 분야에 적용되어 '눈에는 눈, 이에는 이'(Tit for tat: 이하 TFT) 전략의 밑바탕이 되었다. 여하튼 이런 상호성에 기반할 때, 내가 이타적인 사람이 아니라고 하더라도 상대방이 호혜성에 기초한 TFT 전략을 쓴다면 '그가 다음에 보복할 것이 두려워서라도' 협조할 유인을 갖게 된다는 것이 상호성 가설의 핵심 내용이라 할 수 있다(최정규, 2009)

이타성에 대한 생물학적 논의를 정리하면서 사회생물학이라는 새로운 학문적 기반을 정립한 Wilson(1975)[15]은 『사회생물학: 새로운 종합』이라는 저서를 통해 이타적 행동에 대해서 세 가지 이해를 제

14) Wilson은 Trivers의 상호성에 기반한 이타주의를 목적성 이타주의로 명명한다.
15) Wilson, E. O.(1975) Sociobiology. The New Synthesis(Belk-nap/Harvard University Press, Cambridge, MA).

시하면서 이해 폭의 확장을 도모한다. 첫째, 가족을 위해 희생한 경우 통상적인 이타적 행동에 해당되지만 유전학적으로는 살아남은 자식의 숫자에 따라 판단되어야 한다. 둘째, 친족 중에서 육촌을 위한 희생은 통상적으로 유전학적으로 진정한 이타적 행위로 간주된다. 셋째, 낯선 사람을 위한 희생은 가장 수준 높은 이타적 행동이다(Wilson, 1975). 이러한 정리는 생물학에서 제시되어온 기존 가설을 넘은 새로운 가설에 대한 논의 가능성을 열어주는 것으로 이해해 볼 수 있다.

마지막으로 사회생물학에서 이타주의 논의에 있어 소수의견에 속할 수 있는 집단선택(Group-Based Altruism, multi-level selection)의 가설(Wilson, 1977[16]; Sober & Wilson, 1998[17]) 역시 의미 있는 논의를 제공하고 있기에 이를 간략히 정리해 보고자 한다. 앞서 설명된 Darwin의 자연선택(natural selection) 및 포괄적 적합도를 기반으로 한 Hamilton의 혈연선택 가설과 Trivers의 상호적 이타주의 가설 모두는 이타성에 대해 개인(유전자)의 생존을 위한 이기적 속성을 기반으로 논의를 전개한다. 그러나 자연선택이 개인의 수준에서만 이루어지는 것이 아닐 수도 있다. 집단선택 가설은 인간의 이타적 행동의 진화를 설명하는 데 있어 개인수준의 자연선택이 제공하는 설명의 제한점을 극복하며 집단 수준의 자연선택에 대한 설명을 제공한다. 단기적으로 볼 때 개인적인 차원에서 이타적 행동을 하는 개인은 그렇지 않은 개인, 즉 이기적인 개인들과의 경쟁에서 성공적일 수 없어 보인다. 즉 기존 자연선택이론에 따르면, 이타적인 행위 전략을 갖는 개

16) Wilson, David Sloan, "Structured Demes and the Evolution of Group- Advantageous Traits," American Naturalist 11. 1(1977).

17) Sober, Elliot and David Sloan Wilson, Unto others: The evolution and psychology of unselfish behavior(Cambridge, MA: Harvard University Press, 1998).

인은 집단에서 점차 소수가 되어 마침내는 소멸해버려야 하는데, 실제로 인간사회를 보면 협력행동, 이타적 행동은 여전히 관찰되고 이런 행동이 활발하게 일어나는 집단이 이기적인 행동이 활발하게 일어나는 집단에 비해 생존의 측면에서 보다 우월할 수 있다는 점에 집단선택 가설은 주목한다. 즉 자연선택이 개인들의 수준에서만 일어나는 것이 아니라 집단의 수준에서도 발생될 수 있다는 것이 집단선택 가설의 핵심이라 할 수 있다(Wilson, 1977; Sober & Wilson, 1998). 이 가설과 관련해서 현실에서 집단 선택과 개인 선택 중 개인 선택의 속도가 집단 선택의 속도에 비해 빠르게 일어날 수 있다는 선택 속도 시각에서의 비판(Wade, 1978)과 더불어 집단선택은 집단의 차이에 의해 발생되는데 집단선택으로 인해 집단 간 차이가 점차 줄어들 수 있게 되고 궁극적으로 집단 간 차이가 없어져 버리는 경우 집단선택이란 것이 작동하게 되지 못한다는 집단 간 차이 소멸 시각에서의 비판(Boyd & Richerson, 1990)도 받고 있다. 그러나 좀 더 핵심적인 비판이라 사료되는 선택의 속도와 관련해서 집단선택을 주장하는 시각에서는 집단 선택의 속도가 개인 선택의 속도를 압도할 수 있는데, 그 대표적인 요인으로 집단 내의 제도와 사회적 규범 등을 제시한다(Sober & Wilson, 1998). 이러한 설명과 시각은 경제학 영역에서 이타주의에 대한 가설을 확장시키는 핵심 기제로 기여하고 있다(최정규, 2009; Bowles & Gintis, 2011).

사회생물학은 이타성을 과연 어떻게 설명할 수 있는 것인지와 관련해서 특히 진화의 자연선택 단위에 초점을 두며 이해를 확장시켜온 경향이 있는데, 이런 노력들은 사회생물학뿐만 아니라 다양한 학문 영역의 이타주의 연구 및 논의에 많은 시사점을 제공한 것으로 평가되고 있다(강정한, 2013; 최정규, 2009). 이러한 점을 고려할 때에도 이타주의와 관련한 사회생물학의 학문적 성과는 매우 큰 것으로 이해된다.

4. 경제학의 이타주의에 대한 이해

변수, 가정 및 가설에 기반한 수학적 모형을 정립하며 인간의 경제활동 및 관련 사회적 질서를 설명하고, 다양한 관찰 및 분석 방법을 활용하여 관련 현상에 대한 이론을 검증하는 접근방식을 사용하는 경제학(이종건 외, 2014; Marshall & Marshall, 1920) 역시 오늘날 이타주의 논의의 핵심 학문 중 하나로 간주되고 있다. 경제학의 이타주의에 대한 접근의 특이점은 심리학 등의 접근과는 달리 어떤 원인으로 인해 인간의 이타적 행동이 발생하는지에 대해 초점을 두기 보다는 인간의 이타적 행동 그 자체에 초점을 두면서 이타적 행동을 설명한다는 점이다.

경제학의 이타주의에 대한 접근은 Bowles와 Gintis(2011)의 *A cooperative species*에서 제시된 설명을 통해 그 흐름이 보다 명확히 이해될 수 있다. 이들에 따르면, 경제학에서 이타주의가 다루어진 초기부터 후생경제학이 지배하던 시기까지는 합리적 경제적 인간관(rational-economic man)에 기초했다고 한다. 즉 자신만을 고려하는 개인들 간의 시장교환이나 자발적인 협력행동으로 얻게 되는 개인의 이익에 초점을 맞춘 접근이 이루어져왔다고 설명한다. 여기서 개인은 타인과 상호작용을 하지 않고 타인의 행동에 의존하지 않으며 오직 시장에서 정해진 가격을 통해서만 상호작용이 일어날 뿐이라는 시각 속에서는 이해되는데, 이는 시장에서 발생하는 계약이 완전할 수 있다는 가정에 기반한 것이라고 설명한다. Bowles와 Gintis(2011)는 다음 단계를 "경제학 이론의 제2의 도약단계'라고 명명하는데, 이 시기에서는 완전한 계약이라는 가정을 배제하고 개인들 간 전략적 상호작용에 기반해서 이타적 행동이 전개되는 양상을 설명하는 접근이 이뤄지게 되었다고 설명된다. 이 시기에 진화적 게임이론을 활용하여 사회생물학의 통찰을 보다 정교화하고 확장시키는 접근이 이루어졌다고 설명된다. 그러나 저자들은 이런 접근을 '진화적 타당성을 결여한 내쉬균형'으로 명명한다. 즉 진화적 게임모형들을 통해 확인되는 협력은 현실성이 희박한 가정에 기반하고 있고, 실제 현실에서는 적용되기 어려우며 실제 적용된다 하더라도 지속가능하지 않다고 비판한다(Bowles & Gintis, 2011).

이런 제한점을 극복하기 위해 경제학에서 이타주의를 이해하는 새로운 접근으로 Bowles와 Gintis(2011)는 사회적 선호(social preference)에 주목하여 새롭게 설명을 시도하고 있다. 사회적 선호는 집단 생존을 위해 유리한 규범을 내면화 하고 규범 위반에 대한 처벌을 통해 바로 교정이 될 수 있는 능력을 가진 집단 구성원을 양성하는 것 그리고 이를 목적으로 사회화가 이뤄지도록 이끄는 집단에서 나타나는 이들 간의 강한 상호성을 기반으로 한 선호체계를 의미한다. 이런 사회적 선호는 사회에서 만들어지는 제도 그리고 제도를 통해서 학습된 행위를 문화적으로 전승해 낼 수 있는 인간만이 지니는 독특한 능력을 활용하여 확산될 수 있음을 설명한다. Bowles와 Gintis(2011)가 강조하는 바는 사회적 선호를 기반으로 하는 이타주의는 향후의 대가를 기대하지 않고 자신을 희생하면서 가족이 아닌 타인까지도 기꺼이 돕는 것을 뜻하는 '진정한 이타주의'가 존재하고, 이는 혈연선택에 의한 이타주의 및 상호적 이타주의와 구분되는 의미를 지닌다는 것이다[18]. 즉 인간 사회는 사회적 선호라는 체계에 기반하여 윤리적으로 행동하고 타인을 고려하며 집단에 보다 이로운 행동을 행하는 진정한 이타성을 확산시키면서 인간 사회의 생존을 보장해 나갈 수 있음을 주장한다(Bowles & Gintis, 2011).

경제학의 이타주의에 대한 이해 역시 진화의 과정을 겪어 오고 있는 모습이다. 초기의 합리적 경제적 인간관에 기반한 설명으로부터 시작하여, 게임이론을 활용하여 사회생물학의 가설을 보다 정교화하고 확장시킨 설명, 그리고 규범과 제도 등의 중요성을 통찰하면서 사회적 선호 개념을 활용하여 이타적 행동에 대한 이해 기반을 확장시켜 보려는 설명으로까지 진화해 오고 있다. 이러한 설명들 모두는 다양한 학문들과 연계된 것으로서 인간의 이타적 행동에 대한 이해의 저변을 확장시키고 그 깊이를 심화시키는 데 기여하고 있다.

5. 심리학의 이타주의에 대한 이해

심리학(psychology)은 인간의 행동과 그 기저에 깔려있는 심리과정을 과학적으로 분석하는 경험과학으로써 인과성의 파악을 위해 엄밀하게 설계된 실험연구 등을 주된 연구방법으로 활용하는 학문이다(Myers & Hansen, 2012). 이러한 특성을 갖는 심리학 영역에서의 이타주의 이해의 가장 큰 특징 중 하나는 다른 학문 영역의 접근과는 다소 다르게 이타적 행동을 발현시키는 동기를 설명해 보려는 것에 초점을 두는 경향이 크다는 점이다.

심리학에서 이타주의에 대한 관심과 연구를 보다 적극적으로 개진

18) 저자들은 협력행동의 출현과 확산에 있어 사회생물학의 집단선택, 다수준 모델(Group-based altruism, multi-level selection)과 유전자-문화 공진화(gene-culture coevolution)의 개념을 활용하여 설명하고 있다.

하게 한 계기는 전 세계적으로 알려진 사건인 'Kitty Genovese' 사건이었다고 한다(Batson, 1998). 그 당시 미국사회를 충격에 빠뜨렸던 이 사건의 핵심은 뉴욕 시내 한복판에서 주위 사람들이 39명이나 있었음에도 불구하고 그 누구의 도움이 받지 못하고 Genovese라는 젊은 여성이 길거리에서 강간당하고 살해되었다는 점이다. 이후 이런 부정적 현상을 방관자 효과(bystander effect)19)로 명명하게 되었고, 이를 계기로 심리학분야에서 관련 연구가 촉발되는 결과를 가져왔고 한다(Batson, 1998). 이 사건을 계기로 심리학에서는 인간의 병리적 행동에만 초점을 두고 이를 이해해 보려던 기존의 접근에 대한 자기 비판적 자성이 이뤄졌고, 또한 동시에 인간이 지니는 긍정적 자원이 병리적인 것을 어떻게 완충시키는 역할을 하는지에 대한 관심을 두기 시작했다. 바로 이런 배경에서 심리학이란 학문 영역에서 새롭게 관심을 기울이며 이해의 노력을 집중한 것 중 하나가 바로 인간의 이타성이었다(이지연, 2003).

1) 학습, 인지이론 및 전통적 정신분석이론과 대상관계접근

심리학에서의 이타주의에 대한 이해는 이타적 행동이 '자기 이익(self-gain)' 때문인지 혹은 '타인에 대한 관심' 때문인지 라는 문제를 기준으로 그 초점을 어디에 두는지에 따라 다소 다르게 접근된다. 즉 이타주의가 자신의 이익을 위한 이기적 행동이라는 입장과 순수하게 타인에 대한 관심에서 발현된다는 두 가지 입장으로 양분된다. 기본적으로 기존의 학습이론에서는 이타주의 획득 기제와 관련해서 행동

19) 다른 사람들이 많이 있을 때 자신이 나서지 않아도 그 상황에서 누군가 돕겠지 하고 책임감을 갖지 않는 현상을 말한다.

후 강화와 모델링의 역할에 초점을 둔 경향이 있다(Bar-Tal, 1976; Staub, 1991). 직접적 혹은 대리적 강화, 내적 혹은 외적 강화를 통해 이타적 행동이 이뤄진다는 것이다. 그런데 이타적 행동을 하는 사람에게 적어도 다양한 수준의 정서적 혹은 대리적 보상이 주어질 수 있다는 것을 감안할 때, 이타주의가 다른 사람에게 이익을 주는 행동으로만 보는 것은 하나의 역설을 파생시킬 수 있다(Rushton, 1980). 이러한 배경에서 학습이론에서는 "이타주의는 근본적으로 자기이익 혹은 불편함의 감소와 같은 요인에 의해 동기화된 행동"이라는 가정을 제시한다. 그러나 이러한 이해에 대해서는 진정한 의미의 이타주의 정의와는 다소의 거리가 존재한다는 비판도 있다(Rushton & Sorrentino, 1981). 한편 Piaget를 필두로 하는 인지발달이론에서는 타인을 이해하는 것과 관련된 세련된 인지 능력의 발달에 따라 이타주의 잠재력이 증가한다는 것에 초점을 두며 이타주의에 대한 이해를 구축해 보고자 했다(Eisenberg, 1986). 학습이론 및 인지이론의 흐름을 넘어 Hoffman(1975)은 타인에 대한 개념 발달과 근본적인 이타적 동기를 통합하며 이타주의에 대해 좀 더 새롭게 이해해 보려했다. 그는 인간에게는 이기적 동기와는 독립적인 이타적 동기가 존재한다는 가정에 근거해서 이타적 동기를 규명해 보고자 했는데, 이타적 동기는 근본적으로 다른 대상에 대한 관심으로 시작되며 초기의 정신적 구조에 의해 영향을 받고 일생을 통해 계속해서 발달하고 변화된다고 보았다(Hoffman, 1975).

전통적인 정신분석학적 접근은 전통적 학습이론처럼 인간의 동기를 자기 추구(self-seeking)와 쾌락추구(pleasure-seeking)인 것으로 보았다. 따라서 이 입장에서는 이타주의에 대해 근본적 이기적 동기를 변형시키는 사회화 과정의 결과인 것으로 간주하는 경향성을 가졌다.

이러한 설명에 대해 프로이드의 이원론적 본능이론을 배척하는 대상 관계(object relation) 접근에서는 자아심리, 자기심리, 인간의 분리-개별화 발달 단계 등을 다루면서 인간의 성격발달의 주요 목적은 타인과의 관계 속에서 정립되는 것임을 강조하였다(Kernberg, 1979). 즉 타인에 대한 관심, 더 나아가 이타적인 관심은 자기-관심(self-interest)처럼 원초적인 것이라는 입장을 설파하였다(Eigenberg, 1986).

2) 신프로이드학파

많은 정신분석학자들은 이타주의를 병리적 측면에서 바라보며 신경증적 과정의 일부로 간주하는 경향성을 갖기도 했다(Batson, 1998). 예를 들어 남에게 계속 선물을 보냄으로써 초기 박탈감을 보상하거나, 자선적 행동을 통해 자신의 지속적인 무력감과 박탈감을 부정한다는 것이다. 또 이기적인 사람이 반동형성의 양상에서 자신의 본래 소망을 숨기려고 이타적 행동을 보일 수 있다고 본다. 반면 이타적 행동을 긍정적인 측면에서 조망하는 접근(Adler, 1963; Maslow, 1962)도 있는데, 이러한 접근의 대표적인 학자가 바로 신프로이드학파의 일원으로 불리는 Adler(1964)이다. 그는 '사회적 관심(social interest)'을 중요한 개념으로 부상시키는 방식의 접근을 하였는데, 개인의 더 큰 전체, 즉 가족, 종족, 공동체에 대한 관심이 이타적 행동을 이해하는 데 중요한 개념임을 제시했다. 정신적으로 건강하고 성숙한 사람들은 사회적 관심이 충분히 발달하여 개인적인 삶을 사회적 또는 공동체적 삶으로 확장시킨다는 것이다. Adler는 사회적 관심은 긍정적 사회적 적응의 주요한 준거이자 정상성을 확인하는 척도인데, 우리의 인간성의 한 측면에는 선천적으로 '타인 지향적'인 속성이 존재한다고 설명한다. '타인 지향성'은 타인에 대한 관심과 배려를 의미하는데, 구체적으로는 이를 기반으로 공동체를 위하고 사회적 삶을 지향할 수 있다는 것이다. 또한 이 개념에는 모든 인류에 대한 진정한 관심과 사회적으로 유용한 사람이 되고자 하는 소망 등이 모두 포괄된다고 설명한다(이지연, 2003).

3) 발달심리학적 입장

인지심리학자로도 평가되는 Piaget는 1932년에 그의 저서 『아동기 도덕적 판단발달』에서 아동의 도덕적 딜레마 상황에서의 추론능력의 발달에 대해 논의하였다. 이 책에서 그는 7세에 "진정한" 협동행동이 출현한다는 것을 보고하면서, 그 이유는 이 시기의 아동에게 타인의 관점에서 세상을 볼 수 있는 능력이 생기기 때문이라고 설명했다. 그는 이를 역할연습능력(role-playing capacity)으로 칭했는데, 이는 공감적 이타주의의 근간을 이루는 것으로 평가된다(Batson, 1991). 또한 그는 아동들에게 관대성(generosity)과 관련된 여러 이야기를 들려준 후 이에 대한 반응을 기준으로 나누기(sharing)에 대한 세 가지 발달 단계를 권위(authority), 균등(equality), 공평(equity)으로 나누어 설명하였는데, 이러한 설명은 추후 이타주의 발달에 대한 연구의 토대가 되었다고 볼 수 있다. 여하튼 그에 의하면, 권위(authority)단계에서는 나이 많은 형이 더 많이 가져야한다고 이야기되는데, 그 이유는 '그가 제일 크니까'에 의해 설명된다고 한다. 그 다음 균등(equality)단계에서는 '두 사람이 똑같이 가져야하니까'에 의해 설명된다고 한다. 마지막으로 공평(equity)단계에서는 상대적인 관계나 상황을 고려하는 방향에서 공평하게 판단하는데 '그가 더 식욕이 왕성하니까'이거나

'다른 사람만큼 먹지 못하니까'라는 식으로 설명된다고 한다. Piaget의 나누기(sharing)에 대한 이러한 연구 결과는 Wright(1942)의 이타주의 발달에 대한 연구를 자극하는 계기가 되었다. Wright는 8세 아동이 자신이 가지고 싶은 장난감을 다른 친구가 가지고 놀 수 있도록 관대하게 행동하는 사례를 통해서 이타주의 발달에 대해서 논의를 시도하였는데, 이러한 접근과 병행해서 Murphy 등(1937)은 자연적 상황에서의 600시간 관찰연구를 통해 16개월이 된 유아도 관대함의 행동을 행한다는 것을 보고했다(Murphy, Murphy & Newcomb, 1937). 이렇듯 이타적 행동에 대한 발달심리학적 접근은 이타성이 인간이 발달해 나가는 과정에서 획득할 수 있는 것임을 제시해 준다.

4) 사회심리학적 입장: Batson의 공감-이타주의 가설

이타주의라는 용어를 처음 사용한 Comte는 이타주의에 대해 논의하면서 '동성석 본능'에 대해서도 많은 논의를 했다. 그는 진보적 사회의 목표는 사랑과 인간존중을 증대시키고 새로운 가치체계를 수립해 나가는 것으로 보았는데(Eisenberg, 1986), 이러한 논의는 이타주의에 대한 후속적 논의를 촉발시켰을 뿐만 아니라 이 주제와 관련된 사회심리학 연구의 시발점이 되기도 했다(Allport, 1954). 예로, McDougall(1908)은 사회심리학 책을 편찬하면서 인간의 사회행동을 설명하면서 동정적 본능의 역할을 강조했는데, 이는 이타적 행동을 설명하는 또 다른 토대가 되었다.

사회심리학의 접근과 관련해서 이타주의에 대한 설명을 위해 보다 집중하는 연구는 Batson(1991)의 공감-이타주의 가설이라고 할 수 있다. 그는 공감을 '다른 사람의 고통을 목격한 결과로서 경험하게 되는 염려, 자비, 온정 등의 타인 지향적 느낌들'로 정의하면서 이러한 공감이 이타적 행동(도움행동, 친사회적 행동 등)을 유발하는 필연적 기제로 작용한다고 주장한다. 공감은 앞서 언급한 동정과 유사개념으로 논의되기도 하였는데, 심리학의 발전 과정에서 심리치료 및 이타성 연구 등에서 동정을 부정적인 의미를 갖는 것으로 평가하게 되면서 공감과 분리되어 논의되기 시작하였다(Batson, 1998). 여하튼 공감-이타주의 가설은 이기적 동기에 뿌리를 두고 설명하는 혐오적 각성상태 감소이론[20], 처벌회피이론[21], 보상획득이론[22]에 대응하여 구축된 것으로써 Batson(1991)은 타인의 고통에 대한 대리정서가 생길 때 내면으로부터 질적으로 다른 동기(공감, 이타적 동기)[23]가 작동할 수 있다고

---

20) 혐오적 각성상태 감소이론(aversive-arousal reduction): 남을 도우려는 동기를 이기적인 것으로 규정하려는 설명 중 지금까지 가장 보편적으로 인정되어 온 것이 혐오적 각성상태의 감소이론이다. 우리가 타인을 도와주는 것은 그 상대방의 복지를 위한 이타적인 배려 때문이 아니라, 고통받는 이의 고통에 대리정서를 느끼게 되면서 기분이 나빠지므로 차라리 그를 도와줌으로써 공감적 각성을 야기한 원인을 제거해 버린다는 설명이다.

21) 처벌 회피이론(empathy-specific punishment explanation): 우리가 공감을 느낄 때, 다른 사람의 복지를 위한 순수한 이타적 관심 때문에 돕는 것이 아니라, 그들 돕지 않으면 죄의식, 수치, 자책감 등 부가적인 처벌이 따른다는 것을 알기 때문에 돕는다는 것이 처벌회피모형의 요지이다. 아무리 고상해 보이는 도움행동이라 하더라도 그 이면에는 자기를 보존하고, 조그만 불쾌감도 경험하지 않으려는 이기적인 목적이 도사리고 있다는 것이다. 이 이론은 최근에 들어와 '부가적인 사회적 처벌(additional socially administered punishment)'과 '부가적인 자기처벌(additional self-punishment)'로 세분화되었다.

22) 보상획득이론(empathy-specific reward explanation): 다른 사람을 돕는다는 것은 순수하게 상대방의 복지를 위한 것이 아니라, 도움행위에 부수적으로 따라오는 칭찬이나 명예, 또는 긍지 등과 같은 보상이 있기 때문이라고 설명하는 입장이다. 즉, 아무리 고상한 인간의 도움행동이라도 그 이면에는 모종의 보상을 받으려는 동기가 깔려 있다는 것이다. 이 동기들을 좀 더 들여다보면 다시 '부가적 보상(additional reward)'과 '부가적 욕구(additional need)' 두 가지로 그 내용이 나뉜다.

23) 혐오적 각성상태 감소모델에서 이야기하는 이기적 동기가 아닌 '이타적 동기'로 정의하고 있다.

주장하였다. 즉 공감과 고통에 대한 대리적인 정서는 서로 질적으로 다르다는 주장이다. 그는 사회적 평가의 유무를 전혀 알 수 없는 상황 속에서도 공감적으로 동기화된 피험자들은 상당히 높은 수준의 도움행동을 보일 수 있다는 것을 제시함으로써 보상과 상관없이 공감적 각성 혹은 공감적 관심이 순수하게 남을 돕는 이타적 행동의 동인이 된다는 것을 강조한다(Fultz, Batson, Fortenbach, McCarthy & Varney, 1986). 이타적 행동과 관련해서 공감이 지니는 영향력의 논의는 현재 생리학과 뇌심리학 등과도 연계되어 연구가 활발히 진행되고 있는데, 그 관련성에 대해서는 향후 더욱 주목해 볼 필요성이 있다.

심리학 영역에서의 이타주의 연구는 이타적 행동 그 자체에 초점을 두기보다는 이타적 행동의 발달 및 동기에 초점을 두어 왔다고 볼 수 있다. 이러한 속성의 심리학적 접근은 사회생물학적 접근 및 경제학적 접근과는 매우 다른 접근으로서 이타적 행동에 대한 이해를 확장하는 데 일정 부분 기여해 왔다고 볼 수 있다. 특히 공감에 기반해서 이타적 행동을 설명하는 Batson(1991)의 가설은 이타적 행동의 동인에 대한 이해를 보다 다채롭게 한다는 부분에서 기여점이 있다. 그러나 심리학 영역에서는 인간의 이타적 행동의 발달 및 심리적 동기에 초점을 두고 있기 때문에 가치 및 규범의 내재화 혹은 사회화와 이타적 행동의 관계 그리고 사회적 제도와 이타적 행동의 관계 등에 대한 설명 부분에서는 다소의 한계를 지닌다. 이런 요인들과의 상호관계의 가능성에도 관심을 두며 이타주의에 대한 이해를 확장시키려는 노력도 필요할 것으로 보인다(Batson, 1998).

본 절에서는 철학과 종교, 고고학과 민속지학, 사회생물학, 경제학, 심리학에서 이타주의에 대해 어떻게 논의하고 이해하고 있는지를 제한적이나마 정리해 보았다. 이타주의를 인간의 본성의 측면에서 다루는 철학과 종교의 논의에서부터 실제 생활에서 나타나는 이타적 행동의 원인적 상태를 규명하고자 하는 심리학의 논의까지 다양한 학문들에서는 이타주의를 다각적인 관점에서 논의하고 있음을 인식할 수 있다. 이러한 논의들의 정리 과정을 통해 이타주의란 주제 그 자체가 복잡성을 지닌다는 점을 인식할 수 있고, 더 나아가서 그 어떤 논의도 쉽사리 간과할 만한 것은 없다는 점을 인식할 수 있다. 아울러서 이타주의에 대한 다양한 학문들의 다각적인 접근은 각자 매우 중요한 의미를 지니고 있기 때문에 향후에도 그런 노력은 독자적으로 혹은 결합적으로 지속될 필요성이 크다는 사실을 인식할 수 있다.

제3절 이타적 행동에 대한 선행연구 검토

본 절에서는 이타적 행동에 초점을 두고 진행된 선행연구들에 대해 정리해 본다. 이를 통해 본 연구에서 진행하고자 하는 이타적 행동에 대한 연구의 기본적 이해의 틀을 구축해 보고자 한다. 서론에서 강조하였듯이, 시민의 이타적 행동은 다양한 형태로 사회에서 발현될 수 있는데, 본 절에서는 각 시민들에 의해서 행해지는 이타적 행동을 일상적 이타적 행동과 몰입적 이타적 행동으로 나누고 각각에 초점을 두어 선행연구 및 논의들을 간략하게 정리해 보고자 한다. 그리고 시민의 삶에서 일상적으로 혹은 몰입적으로 행해지는 대표적인 이타적 행동을 구체적으로는 기부행동, 자원봉사행동, 헌혈 등으로 간주하면서 이러한 행동들에 초점을 두며 관련 선행연구들의 결과와 논의들을 정리해 보고자 한다.

먼저 일상적 이타행동의 가장 대표적인 것으로 여겨지는 기부행동[24]에 대한 선행연구와 관련해서 Bekkers 등(2011)의 논의를 정리해 볼 필요가 있다. 그들은 기부행동과 관련된 그간의 연구 경향성 및 연구성과 모두를 포괄적으로 정리해 보고자 노력하였는데, 방대한 양의 문헌조사를 통해 기부행동이 다음의 여덟 가지 기제(mechanism)를 통해 발현됨을 제시한다. 첫째, 타인의 필요적 상황에 대한 인지(awareness of need), 둘째, 도움에 대한 간청(solicitation), 셋째, 비용과 편익(costs and benefits)에 대한 계산, 넷째, 진정한 이타성(altruism), 다섯째, 명성(reputation) 획득과 유지의 욕구, 여섯째, 타인에 대한 도움을 통한 심리적 편익(psychological benefits), 일곱째, 공동체 및 타인의 삶에 기여하는 가치(values)의 추구, 여덟째, 도움을 통한 효능성(efficacy) 제고이다. 기부행동에는 수없이 많은 변수들이 영향을 미칠 수 있는데, Bekkers 등은 영향 변수들 대부분은 위에서 제시한 여덟 가지 기제에 포괄될 수 있음을 강조한다.

이러한 시각과 관련된 기부행동에 대한 실증적 연구들이 그간 활발히 이뤄져 왔는데, 연구의 내용들을 살펴보면 세속적 기부 및 종교적 기부[25]로 기부행동을 세분화시키면서 이들 기부에 대한 사회적 속성[26]과 심리적 속성[27]의 영향력이 과연 어떠한지를 검증하는 경향성을 갖는다. 또한 기부행동의 관여 수준을 기부 참여, 기부규모, 경

24) 타인이나 공익을 위해 자신의 돈이나 물품을 아무런 대가 없이 내놓는 행위(표준국어대사전).

25) 여기에 국내의 특징을 고려한 상호부조적 기부(경조사비)도 나누어 살펴본 연구도 있다(강철희, 편창훈, 오장용, 2015).

26) 종교 및 종교성, 교육, 이념적 성향 등.

27) 기부동기, 공감 등.

제적 능력에 비례한 기부노력(홍은진, 2005; 강철희, 고언정, 정혜영, 2009; 강철희, 조승종, 안성호, 2011; 강철희, 최명민, 김수연, 2012; 강철희, 편창훈, 오장용, 2016) 등으로 세분화하여, 각각의 관여 양상이 어떠한지 그리고 각 관여 양상에 영향을 미치는 요인은 무엇인지를 검증하고 있다. 아울러서 단순히 기부에 참여하는 것을 넘어 지속적으로 그러한 행동을 하는 시민들, 특히 정기기부자에도 초점을 두면서 그 기간은 얼마나 되는지 그리고 정기기부 및 기간에 영향을 미치는 요인이 무엇인지도 검증하고 있다(강철희, 김유나, 조주희, 2010; 강철희, 양진옥, 2008; 강철희, 박태근, 오장용, 2016; 강철희, 주명관, 2007; 김영기, 2013; 이상철, 홍환, 박언하, 2010; Carman, 2006; Reed and Selbee, 2002; Sargeant and Lee, 2004; Van Slyke and Brooks, 2005). 사실 일상적 이타행동으로 볼 수 있는 기부행동에 대한 연구결과들은 종속변수 내용에 대한 설정을 어떻게 하는지에 따라 독립변수와의 관계에서 일관적이지 않은 결과를 나타낼 수 있는데, 그럼에도 불구하고 다음과 같은 사회적 요인의 영향력이 일반적으로 제시되고 있다. 즉 연령, 성별, 교육수준, 소득, 취업상태, 혼인상태, 종교 및 종교성, 자원봉사활동 등이 일정한 영향력을 지니는 것으로 논의되고 있다. 연령에 있어서는 연령이 증가할수록 기부행동에 대한 참여가 증가한다는 연구(강철희, 1998; 강철희, 주명관, 2008; 김근령, 2000; Bekkers & Wiepking, 2011; Putnam, 2000)와 함께 일정연령까지는 기부행동이 증가하다가 그 이후부터는 감소되는 비선형관계(Midlarsky & Hannah, 1989)가 존재한다는 결과도 보고되고 있다. 성별에 있어서는 일반적으로 남성보다 여성이 기부행동에 적극적(황창순, 2001; Andreoni, Brown & Rischall, 2003; Belfield & Beney, 2000)이라고 보고되고 있다. 교육수준은 기부행동을 설명하는 주요 요인 중 하나인데, 교육수준이 높을수록 기부행동에 적극적(Bekkers,

2005; Wilhelm, 2006)이라는 결과가 일반적이다. 소득 또한 기부행동 특히 기부규모에 있어 결정적인 영향을 나타내는데 그 관계는 정적 관계라는 연구(Havens, O'Herlihy & Schervish, 2006)가 일반적으로 제시 된다. 한편 직업과 결혼 상태에서는 직업을 가지고 있는 사람이 기부 행동을 더 활발하게 하고(Chang, 2005) 기혼인 사람이 기부행동에 보다 활발한 경향(Brooks, 2005; Wilhelm, 2006)이 있다는 결과가 제시되고 있다. 인구사회학적 요인 중 가장 핵심적으로 다뤄지는 것은 종교 및 종교성이라고 할 수 있는데, 기독교 계통의 종교적 배경 그리고 개개인의 종교성 수준이 기부행동에서 큰 차이를 발생시킨다는 결과 (강철희, 허영혜, 최영훈, 2013; Bekkers, 2004; Brown & Ferris, 2007)가 일반적으로 보고되고 있다. 기부행동에 대한 영향요인의 검증에서 그 영향력을 매우 큰 것으로 보고되는 또 다른 요인은 바로 자원봉사활동이다. 즉 자원봉사활동의 경험은 기부행동을 촉진시키는 그런 기제로 작용한다는 것이 일반적인 분석의 결과로 제시되고 있다(강철희, 김유나, 김수빈, 2017; 강철희, 유재윤, 박소현, 2012; 정익중과 김지혜, 2012; Bekkers, 2004; Reed and Selbee, 2001; Van Slyke and Brooks, 2005).

일상적 이타행동에서 기부행동과 함께 또 하나의 대표적인 행동으로 간주되는 것이 바로 자원봉사행동이다. 이와 관련해서 Musick과 Wilson(2008)의 논의를 통해 자원봉사행동에 대해 보다 포괄적으로 선행연구들의 결과에 대한 이해를 정리해 볼 수 있다. 이들은 *Volunteers: A social profile*에서 자원봉사행동과 관련된 그간의 연구 경향성 및 연구 성과 모두를 포괄적으로 정리하였는데, 방대한 양의 문헌조사를 통해 자원봉사행동에 있어 크게는 주관적 속성(subjective disposition)과 개인적 자원(individual resource) 그리고 사회적 맥락(social context)이 영향을 미칠 수 있음을 논의한다. 주관적 속성의 하위 요인으로 성격(personality)[28]과 동기(motives)[29] 및 가치, 규범, 태도(values, norms, and attitudes)[30]가 영향을 줄 수 있는 요인임을 제시한다. 다음으로 개인적 자원(individual resource)에서는 사회경제적 자원(socio-economic resources)과 시간과 건강(time and health), 성별(gender)과 인종(race) 역시도 주요한 하위요인으로 영향을 줄 수 있는 요인임을 제시한다. 마지막으로 사회적 맥락의 하위요인으로는 생애주기(the life course)와 사회적 자원(social resource), 자원봉사 모집에의 노출(volunteer recruitment), 학교와 교회 등 네트워크(school and congregations), 지역사회의 속성과 종교(community, neighborhood, city, and region) 등을 제시하며 이들 요인 역시 주요한 영향 요인임을 제시한다. 이들의 연구는 자원봉사에 영향력을 지니는 요인들에 대해 다각적으로 조망하고 정리하면서 자원봉사행동에 대한 포괄적 이해를 구축할 수 있게 기여한다는 점에서 매우 큰 의미를 지닌다.

정리되는 바와 같이 자원봉사행동에 대한 실증적 연구들이 다양한 시각에서 활발히 진행되어져 오고 있다. 연구의 구체적 내용을 살펴보면, 기부행동과 마찬가지로 세속적 자원봉사 및 종교적 자원봉사[31]

---

28) 외향성(extroversion), 공감(empathy), 신뢰(trust), 자기효능감(self-efficacy)을 중심으로 다루고 있다.

29) 기능적 동기이론(Functional Theory of Motives)의 측면과 심리학적 접근(Batson's Four Motive Theory)과 사회학적 접근(sociological approaches to motivation)의 관점에서 포괄적으로 접근하고 있다.

30) 가치의 세부 영역에서는 인도주의(humanitarianism), 유물론(materialism), 개인주의(individualism), 종교적 가치(religious value)를 중심으로 구체적으로 살펴보고 있으며, 규범에서는 상호호혜성(reciprocity), 정의(justice), 사회적 책임성(social responsibility)를 중심으로, 태도의 세부 영역에서는 자선기관과 자원봉사에 대한 확신(confidence in charitable institutions and volunteering)과 자부심(self-esteem)으로 나누어 논의하고 있다.

31) 여기에 국내의 특징을 고려한 상호부조적 기부(경조사비)도 나누어 살펴본 연구도 있다(강철희, 편창훈, 오장용, 2015).

로 자원봉사행동을 세분화시키면서 각각의 자원봉사행동에 대한 사회적 속성과 심리적 속성의 영향력이 어떠한지를 검증하는 경향이 있다. 또한 자원봉사행동에 대해서도 관여의 정도를 자원봉사 참여, 자원봉사 시간, 자원봉사 총 기간(강철희, 김새로미, 이종화, 2017; 이경혜, 황지민, 2013; 이현기, 2013; 하영수, 김한양, 2015) 등으로 세분화되어 각 행동의 양상이 어떠한지 그리고 각각의 행동에 영향을 미치는 요인은 무엇인지를 검증하고 있다. 아울러서 단순히 자원봉사에 참여하는 것을 넘어 지속적으로 그러한 행동을 하는 시민들, 즉 정기적 자원봉사자에도 초점을 두면서 그 규모는 어떠한지 그리고 이러한 정기적 자원봉사활동 및 그 기간에 영향을 미치는 요인은 무엇인지도 검증하고 있다(강철희, 유재윤, 박소현, 2012; 송기영, 김욱진, 2017; 이상철, 홍환, 박언하, 2010). 연구 경향에서 흥미로운 점은 기부행동에 대한 연구에서와 유사하게 자원봉사행동에 대한 연구에서도 공히 기부행동과 자원봉사행동의 상호연관성에 큰 관심을 두고 분석하고 있다는 사실이다. 이러한 연구들에서는 자원봉사와 기부 간 쌍방적 영향력이 존재한다고 보고되는데(강철희, 김유나, 김수빈, 2017; 강철희, 유재윤, 박소현, 2012; 정익중과 김지혜, 2012; Bekkers, 2004; Reed and Selbee, 2001; Van Slyke and Brooks, 2005), 이 관계의 양상에 대해선 지속적 관심과 함께 엄밀한 실증적 분석이 필요하다. 자원봉사행동에 대한 연구결과들은 기부행동에서와 마찬가지로 종속변수 내용에 대한 설정을 어떻게 하는지에 따라 일관적이지 않은 결과를 제시하는 경향도 있는데, 그럼에도 불구하고 일반적으로 다음과 같은 사회적 요인들의 영향력이 존재하는 것으로 제시되고 있다. 즉 성별, 지역, 교육수준, 가족관계, 종교 및 종교성 등이 일정한 영향력을 지니는 것으로 논의되고 있다. 성별에 있어서는 일반적으로 기부행동과 마찬가지로 남성보다 여성이 자원봉사행동에 더 적극적(이성록, 2002; 김태홍, 김난주, 권태희, 2007; Taniguchi, 2006; Musick & Willson, 2007)[32)]인 경향이 있다고 보고되고 있다. 지역은 일반적으로 거주지를 의미하는데, 동질성에 주목하면서 도시보다는 교외지역에서 자원봉사행동이 보다 적극적(Musick & Wilson, 2007)으로 이뤄지는 경향이 있음이 보고된다. 교육수준은 기부행동과 마찬가지로 자원봉사행동을 설명하는 주요 요인 중 하나인데, 교육수준이 높을수록 자원봉사행동에 있어 보다 적극적(김태홍, 김난주, 권태희, 2007; 조휘일, 1991; Musick & Wilson, 2007)이라는 결과가 일반적이다. 가족관계에 있어서는 기혼인지 아닌지를 보는 경향이 많은데, 이와 함께 조금 더 초점을 두는 것은 자녀의 유무이다. 기혼인 경우 그리고 자녀가 있는 경우 자원봉사행동에 더욱 적극적으로 참여(이경혜, 황지민, 2013; Musick & Wilson, 2007)하는 경향이 있는 것으로 제시되고 있다. 기부행동에서 관찰되는 바와 마찬가지로 자원봉사행동을 설명하는 핵심 사회적 요인의 하나는 바로 종교 및 종교성이다. 종교 및 종교성은 자원봉사행동에 있어 큰 차이를 발생시키는 요인이라는 것(조휘일, 1991; 홍은진, 2005; Wilson and Janoski, 1995)이 많은 연구에서 보고되고 있다.

일상적 이타행동의 하위 요인으로 간주하고 있는 기부행동 및 자원봉사행동과 관련해서 유념해야 할 것은 일반 시민들이 일상적으로 행할 수 있는 일상적 이타행동이 기부행동과 자원봉사행동만으로 제한되는 것은 아니란 사실이다. 본 연구에서는 일상적 이타행동의 범주 안에 기부행동과 자원봉사행동을 설정해서 다루고자 하지만, 실제 이타적 행동을 관찰할 수 있는 범위는 더욱 광범위할 수 있다. 예를

32) 국내 연구에서는 참여 여부에서는 여성이 적극적이고 총 시간에서는 남성이 많은 것으로 보고되고 있다(이경혜, 황지민, 2013 재인용).

들면, 헌혈(김유정, 최인희, 2014; 전신현, 2017; Ferguson, 1996; Piliavin, 1990), 협력행동(김항인, 1999; 최정규, 2009; Samuel Bowles & Herbert Gintis, 2011) 등도 이타적 행동의 범주 안에 포괄되는 의미 있는 행동이나, 본 연구에서는 두 가지 행동에 한정해서 관련 선행연구의 결과를 정리해 본 것이다.

여하튼 위에서 정리해 본 일상적 이타적 행동에 대한 일반적 이해의 구축은 매우 의미 있는 일이다. 더 나아가서 일상적인 행동을 넘어서는 이타적 행동[33]에 대한 이해 구축도 매우 필요하고 큰 의미를 갖는 일이다. 사실 우리 사회에서는 이러한 몰입적 혹은 희생적 이타행동들이 드문드문 보고되곤 한다. 그러나 관찰과 자료의 구축이 용이하진 않기 때문에 이들 행동에 대해선 많은 연구가 존재하지는 않는다. 이타적 행동이 자신의 삶에 내재화되고 강화되어 나타나는 양상[34]인 몰입적 이타적 행동, 즉 일상적 이타행동을 넘어서서 생활의 일부분으로 이타적 행동이 아주 깊게 녹아져 있어 일정부분 중독성의 경향을 보이는 몰입적 이타행동의 경우 그나마 관찰이 보다 용이한 편인데, 이 역시도 위에서 정리해 본 일상적 이타행동에 대한 연구에 비해 매주 제한적으로만 연구가 진행되어 온 경향이 있다. 몇몇 연구들이 진행되어 왔는데, 이들 연구는 대부분 이타주의자로 불릴 수 있는 이들만을 대상으로 연구를 진행한다. 즉 모범적으로 이타적 행동을 실천하는 이들에 초점을 두어 그 특성(이동렬, 강철희, 2002; 정혜영,

33) 제3장 연구방법 및 내용에서 구체적으로 다루겠지만, 본 연구에서는 이를 일상적 이타행동이 심화되고 발전되어 나타나는 몰입적 이타행동으로 정의한다. 또한 쉽사리 일반 시민들이 할 수 없는 자기희생과 살신성인이 동반되는 희생적 이타행동으로 구분하여 정의하며 개념들 간의 구별을 시도한다.

34) 본 연구에서는 이를 몰입적 이타행동으로 조작적 정의한다. 몰입적 이타행동은 일상적 이타행동의 심화형, 발전형으로서 일상생활에서 이타적 행동이 생활양식으로 나타나거나 심한 경우 이타적 행동에 중독적인 모습을 보이는 경우를 말한다.

2003; McWilliams, 1984)을 파악해 내는 데 중점을 두는 경향이 있다. 관련해서 자신의 삶을 이타적 행동에 바치고 있다고 평가되는 5명의 이타주의자를 대상으로 심리분석에 초점을 두고 인터뷰를 통해 그 특성을 연구한 McWilliams(1984)가 파악한 이타주의자의 심리적 특성은 다음과 같다. 그들의 특성은 유익함(helpfulness)과 사회에 대한 우애(sociophilia), 긍정적 정서(positvie affect)로 특징지을 수 있다고 설명한다, 그리고 일부는 이웃에 대한 사랑과 돌봄 등의 종교적 가치를 기반으로 하며 이타적 행동을 실천하는 경향도 크다고 설명한다. 이러한 결과는 일상적 이타행동에서 주목되는 종교 및 종교성의 영향력이 몰입적 이타행동, 즉 모범적 이타행동에서도 동일하게 관찰되는 경향이 있음을 제시해 준다.

사실 우리가 일반적으로 이타적 행동이라고 이야기 할 때 대부분의 경우 남을 위해 자신을 희생하는 숭고한 자기희생적 이타행동을 떠올린다. 즉 일상적 이타행동과 몰입적 이타행동보다 더욱 큰 주목을 받는 것은 자기희생을 기반으로 하는 희생적 이타행동이다. 예로, 2001년 일본 신오쿠보역에서 선로에 떨어진 취객을 구하고자 뛰어들다 사망한 이수현 군의 희생적 이타행동은 한국과 일본 모든 곳에서 희생적 이타적 행동의 모범으로 여겨진다. 이런 자기희생적 이타적 행동에 대해서는 어느 곳에서든 그리고 어떤 연구자이든 매우 지대한 관심을 갖는다. 그러나 관찰 가능성이 매우 낮기 때문에 이에 대한 연구를 실행하는 것은 매우 어렵다. 따라서 자기희생적 이타행동에 대한 연구는 일상적 삶에서 이뤄지는 것들 중 상대적으로 관찰이 좀 더 용이한 장기 기증(권영미, 윤은자, 2003; 서영심, 이영희, 2009; Afifi et al., 2006), 조혈모세포 기증[35] 등에 집중되는 경향이 있다(유재연, 2016; Robert et al., 2012). 비혈연조혈모세포 기증자를 대상으로 희생적 이타행동에 대해 사례연구를 진행한 유재연(2016)은 비혈연 조혈모세포 기증자, 즉 가족 등이 아닌 타인에게 조혈모세포를 기증한 사람들을 대상으로 분석하였는데, 그 특성으로 도출되는 것은 사회에 대한 긍정적인 가치관, 종교적인 가르침을 바탕으로 한 타인에 대한 관심 등임을 밝힌다. 그리고 희생적 이타행동을 실천한 후에 인생의 보람과 활력을 갖게 되고 더욱 더 이타적 행동에 대한 의지를 유지 및 강화하게 되는 경향이 관찰됨을 보고한다. 이런 결과는 타인을 위한 희생적 이타행동 속에서도 사회적 요인으로부터의 영향과 종교적 요인으로서의 영향 등이 중요하게 작동할 수 있다는 것 그리고 이타적 행동은 강화되는 경향이 있다는 것을 인식할 수 있게 한다. 매우 제한적으로 행해질 수밖에 없는 희생적 이타행동에 대한 연구들은 속성상 대부분이 질적 연구를 기반으로 진행되고 사례의 특수성을 반영하는 경향이 크다. 따라서 희생적 이타행동이란 현상과 관련해서는 다양한 유사 사례들에 대한 분석을 통해 이해를 좀 더 확장 및 심화시키는 노력이 필요하다.

지금까지 다양한 강도에서 행해질 수 있는 이타적 행동에 대한 선행연구의 결과들을 간략히 검토해 보았다. 이타적 행동은 그 강도 혹은 수준에 따라서 일반적 기부행동이나 자원봉사행동처럼 일상적으로 행해지는 이타적 행동(일상적 이타행동)과 이런 일상적 이타행동이 심화 및 강화되어 실행되는 몰입적 이타행동(일상적 이타행동의 생활양식화, 심한 경우 중독의 수준을 보임), 그리고 자기에 대한 희생을 기꺼이 감수하는 자기희생적 이타행동으로 나눌 수 있다. 일상적 이타행동에 대해서는 다양한 학문 영역에서 다각적인 방향에서 연구가 진행되고

35) 기증과정에서 기증자가 상당한 고통을 감내해야 하며, 이를 통해서 사후에 건강상의 불편함에 직면할 수도 있음(한국조혈모세포은행협회, 2016).

있지만, 몰입적 이타행동 및 자기희생적 이타행동에 대한 연구는 관찰 및 자료 구축의 제한성으로 인해 매우 간헐적이고 제한적으로 접근되어 온 경향이 있다. 이타적 행동에 대한 이해를 제고시키기 위해서는 다양한 강도 혹은 수준의 이타적 행동 각각에 대한 접근이 매우 중요한 의미를 지닌다. 따라서 각각의 이타적 행동과 관련해서 언급된 한계를 넘어 더욱 균형적으로 연구가 지속될 필요성이 있다. 이타적 행동의 복잡성과 관찰 용이성에 따라 연구들이 원천적인 한계를 가질 수 있으나, 그럼에도 불구하고 일상적 이타행동 및 몰입적 이타행동과 관련해서 위에서 정리한 내용들은 본 연구의 방향과 초점 및 내용을 구성하는 데 있어 매우 유익하고 중요한 길잡이가 된다. 즉 위의 선행연구 결과들에 대한 논의는 다음의 장 이후에서 정리하고 분석하고자 하는 본 연구 기본 틀의 구성에 토대가 된다.

제3장

연구의 분석틀 및 연구방법

제3장 연구의 분석틀 및 연구방법

제1절 연구의 분석틀

앞에서도 소개하였듯이, 본 연구는 이타적 행동에 대한 이해를 위해 사회적 속성과 심리사회적 속성을 초점을 두며 이에 대해 좀 더 확장 및 심화된 지식기반을 마련해 보고자 한다. 이를 통해 한국사회에서 이타적 행동 확산의 길들을 모색하며 논의해 보고자 한다. 특히 선행연구에서 정리되었듯이 본 연구는 일반 시민들의 삶에서 일상적으로 행해질 수 있는 일상적 이타행동과 이것이 내재화되고 발전되어 나타나는 몰입적 이타행동에 주목하면서 각 이타행동의 특성들에 대해 보다 균형적이고 포괄적인 시각에서 이해를 구축해 보고자 한다. 이러한 목적과 내용으로 구성된 본 연구의 분석틀은 〈그림 2〉에서 제시되는 바와 같다.

이러한 연구의 목적을 위해 본 연구는 이타적 행동에 대한 선행연구들에서 제시되는 내용을 기반으로 이타적 행동을 다음의 세 가지 형태로 정의한다.

- 일상적 이타행동: 사회의 구성원인 일반 시민들이 일상적인 삶에서 행할 수 있는 이타적 행동을 뜻한다. 헌혈, 기부, 자원봉사 및 협력행동 등이 그 대표적인 예이다.
- 몰입적 이타행동: 일상적 이타행동이 내재화되고 발전되어 이타행동이 하나의 생활양식으로 나타나는 경우를 뜻한다. 몰입적 이타행동은 일반적으로 사회에서 이타주의자라 칭할 때의 의미와 근접할 수 있다. 이에 속하는 이들은 이타행동이 더욱 강화되어 중독적으로 이타적 행동을 행하기도 한다.
- 희생적 이타행동: 자신의 목숨 또는 신체 등 중요한 것을 희생하여 혈연이 아닌 타인에게 이타적 행동을 실천하는 경우를 뜻한다. 가장 숭고하게 여겨지는 이타적 행동이고, 사회에서 이타적 행동의 상징처럼 받아들여진다. 사례를 찾기가 그리 쉽지 않으며 사례가 발생될 때 희생정신에 의해 그만큼 주목도가 높다. 우리 사회에서 일반적으로 사용하는 살신성인(殺身成仁)이 희생적 이타행동을 설명하는 가장 적합한 구절이다.

본 연구는 이러한 분류에서 우리의 삶 속에서 일상적으로 이뤄지는 이타행동 그리고 상대적으로 덜 주목받아온 현상이라 할 수 있는 몰입적 이타행동에 초점을 맞춰 분석을 시도한다. 일상적 이타행동의 대표적인 예라 할 수 있는 기부행동과 자원봉사행동에 초점을 맞추어 이에 대한 실증적 이해를 도모해 본다. 기부행동과 자원봉사행동은 전술한 바와 같이 일반 시민들이 가장 접하기 용이하며, 본 연구의 궁극적 목적이라 할 수 있는 이타적 사회로의 확장과도 가장 밀접하게 연결된 현상으로서 이에 대한 연구는 축적적일수록 그 유용성이 크다. 본 연구에서는 시민의 삶 속에서 나타나는 일상적 이타행동의 양상과 그 특성을 이해하기 위하여 사회적 속성을 중심으로 계량적

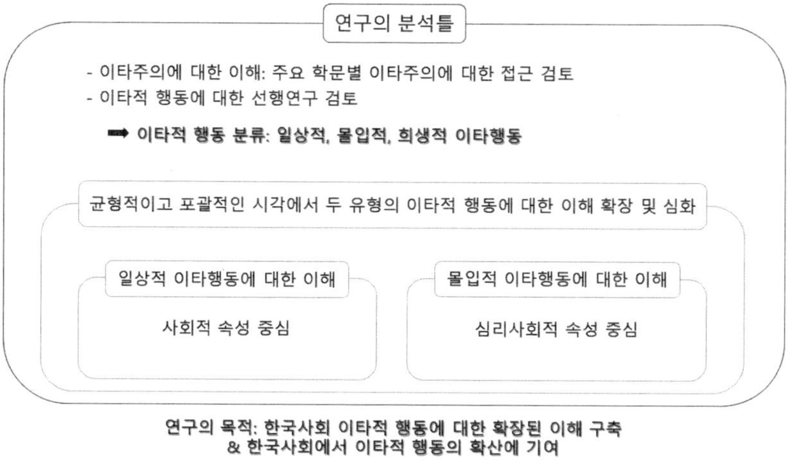

〈그림 2〉 연구의 분석틀

분석을 활용해 객관적 이해를 도모해 본다. 아울러서 일상적 이타행동의 심화유형으로 간주해 볼 수 있는 몰입적 이타행동의 양상과 그 특성을 보다 명확히 파악해 보기 위해서 심리사회적 속성을 중심으로 질적 분석 방법을 활용해 심화된 이해를 도모해 본다. 몰입적 이타행동에 대한 접근에 있어 질적 방법을 적용하는 이유는 사례의 제한성 때문이고 동시에 이론적 토대가 굳건하지 않은 상황에서 현상에 대한 이해의 심화가 가능할 수 있기 때문이다. 이렇듯 이타적 행동의 분류에 따라 각각에 적합한 분석방법을 적용하면서 보다 포괄적인 시각에서 균형적인 이해를 도모해 보고자 한다. 다소 다른 두 현상과 다른 분석 방법에 기반한 분석을 통해 한국 이타적 행동에 대한 종합적인 이해의 틀을 제시해 보고, 동시에 이를 기반으로 이타적 행동의 확산을 위한 단초가 되는 것이 무엇일지 논의해 보고자 한다.

제2절 연구방법

일상적 이타행동과 몰입적 이타행동에 대한 포괄적 이해의 구축을 모색하고자 하는 본 연구의 목적을 위해 사용한 자료 및 분석의 방법들은 〈그림 3〉에서와 같이 정리될 수 있다.

먼저 일상적 이타행동에 대한 실증적 이해를 위해서 본 연구는 다양한 자료를 활용하여 일상적 이타행동에 속한 다양한 행동 양상들을 분석한다. 첫 번째로 대표적인 일상적 이타행동으로 볼 수 있는 기부행동과 자원봉사행동을 실증적으로 분석하기 위해서 한국사회 시민들의 나눔행동을 관찰한 "2012 기빙코리아" 자료[1]를 사용한다. 이 자료는 면대면 서베이 방법을 활용하여 2011년의 한국인의 나눔행동에 초점을 두어 전국에서 2012년에 조사가 시행되어 구축된 자료이다. 본 연구는 먼저 "2012 기빙코리아" 자료를 사용하여 한국 시민의 기부행동과 자원봉사행동에 초점을 두어 계량적 방법을 통해 분석하며 일상적 이타행동에 대한 기본 양상을 이해해 본다. 좀 더 구체적으로 기부행동의 경우, 종교적 기부를 제외한 이웃과 사회를 위한 기부활동에의 참여, 기부의 총규모, 기부의 노력 수준(소득 대비 기부규모)에 초점을 두고 분석한다. 자원봉사행동의 경우, 종교적 자원봉사를 제외한 이웃과 사회를 위한 자원봉사활동에의 참여와 자원봉사 총시간에 초점을 두고 분석한다. 이러한 일상적 이타행동에 대한 분석은 시민의 일상적 이타행동의 양상이 과연 어떠한지 그리고 이타행동과 관련한 행동 상의 차이를 설명하는 요인이 무엇인지에 초점을

---

1) "기빙코리아(Giving Korea)"는 아름다운재단 기부문화연구소에서 한국 시민의 나눔행동의 양상을 종합적으로 파악하기 위해 2001년부터 일반 시민을 대상으로 매년 실시하는 조사자료임.

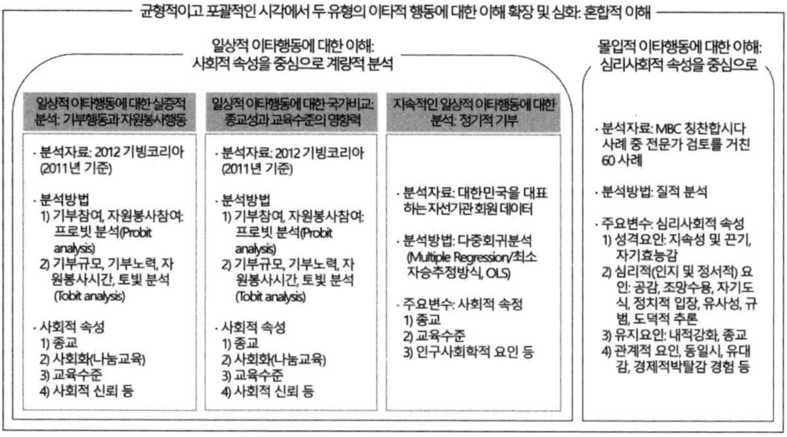

〈그림 3〉 연구방법 및 내용

두고 분석하는데, 특히 사회적 속성을 중심으로 접근한다. 분석 방법으로는 기부행동과 자원봉사행동 중 참여에 대해서는 어떤 특정 행동의 선택 확률을 분석하고자 할 때 주로 쓰이는 방법인 프로빗 분석(probit analysis)을 활용한다. 한편 기부규모 및 기부노력, 자원봉사 시간에 대한 분석에 있어서는 종속변수의 선택적 편향(selection bias)의 교정을 위해 토빗분석(Tobit analysis)을 활용[2]한다.

두 번째로 본 연구는 일상적 이타행동에 대해 핵심 요인의 영향력을 보다 집중적으로 이해해 보기 위해 기부행동과 관련해서 사회적 속성 중 주요 요인으로 간주되는 종교성과 교육수준 등에 초점을 두고 이를 중심으로 미국의 대표적 기부행동 자료인 “The Social Capital Community Benchmark Survey(2000)”와 한국의 “기빙코리아(2012)” 자료의 분석결과를 비교함으로써 사회적 속성 중 종교성과 교육수준

2) 해당 장에 구체적인 설명이 제시되어 있다.

등이 일상적 이타행동의 양상에 어떤 영향을 미치는지 그리고 그런 영향력은 한 사회에만 국한되어 나타나는 것인지 혹은 지역적 차이에 상관없이 동일하게 일반화될 수 있는 것인지를 살펴본다.

마지막으로 일상적 이타행동과 관련해서 보다 심화된 이해를 모색하기 위해 지속적으로 일상적 이타행동을 실천하는 시민들의 행동, 구체적으로는 정기적 기부행동에 대해 초점을 두고 이를 계량적 분석의 방법을 사용하여 분석해 본다. 이를 위해 한국의 대표적 자선단체 중 하나인 굿네이버스에 오랜 기간 동안 정기적이며 지속적으로 기부를 해 온 시민들만을 대상으로 서베이의 방법을 통해 구축한 자료를 활용한다. 본 연구는 기부를 정기적으로 실천하고 있는 시민들만을 대상으로 삼아 기부규모와 기부기간에 초점을 두고 이러한 기부행동에 영향을 미치는 요인을 최소자승추정방식(OLS) 다중회귀분석을 통해 분석해 본다. 이를 통해 일상적 이타행동 중에서도 비교적 정기적이고 장기적으로 이타행동을 행하는 시민들의 특성을 살펴보고 이들의 기부행동 상의 핵심 요인이 무엇인지를 파악해본다.

본 연구는 일상적 이타행동에 대한 다각적인 분석과 함께 몰입적 이타행동에 주목하면서 이에 대한 심화된 이해를 시도한다. 이를 위해 몰입적 이타행동을 실천하고 있는 이타주의자들의 행동양태에 대해 심리사회적 속성을 중심으로 유형화를 시도하고 이를 기반으로 그 특성을 좀 더 체계적으로 살펴보고자 한다. 구체적으로는 한국사회에서 몰입적 이타행동을 실천하는 이타주의자들에 대한 이해를 구축해 보기 위해 MBC '칭찬합시다' 프로그램에 소개된 시민 170여 명 중 담당 프로듀서 1명과 사회복지학과 교수 1명의 자문을 거쳐 몰입적 이타행동을 실천하는 이타주의자의 특성을 좀 더 선명하게 보여주는 것으로 판단되는 최종 사례자 60명을 대상으로 인터뷰의 방법을 통해 구축한 자료를 사용한다. 본 연구는 인터뷰 자료에 대한 분석을 위해 질적 분석 방법을 활용한다. 질적 분석을 통해 그 속성들에 주목하면서 몰입적 이타행동을 행하는 이들에 대한 유형화를 시도해 본다. 이를 통해 우리 사회에서 몰입적 이타행동을 행하며 살아가는 이타주의자들의 대표적 특성들이 무엇인지를 구체적으로 파악해 보며 이에 대한 심화된 이해를 시도해 본다.

최종적으로는 일상적 이타행동에 대한 계량적 분석결과와 몰입적 이타행동에 대한 질적 분석결과를 종합하여 이타적 행동에 대한 이해를 균형적이고 포괄적인 시각에서 정리하고 구축해 본다. 이타적 행동에 대한 이해를 혼합적인 방식을 통해 종합적이고 상호보완적으로 정리하고 구축해 보는 접근은 시민들에 의해 행해지는 이타행동(일상적 이타행동과 몰입적 이타행동)에 대한 이해를 보다 구체적으로 살펴 정리하며 관련 지식을 더욱 확장 및 심화시키는 데 기여할 수 있다는 점에서 매우 의미 있는 접근일 수 있다.

제4장

일반 시민의 일상적 이탈행동에 대한 실증적 이해: 사회적 속성

제4장 일반 시민의 일상적 이타행동에 대한 실증적 이해: 사회적 속성

본 장에서는 한국사회 일상적 이타행동에 대한 확장된 이해를 구축하기 위한 실증적 분석을 시도한다. 앞서 전술한 바와 같이 일상적 이타행동의 핵심이라 할 수 있는 기부행동과 자원봉사행동에 초점을 두고 사회적 속성을 중심으로 어떤 요인이 이타적 행동의 실행 및 강도와 관련이 있는지를 살펴보고자 한다.

사회적 속성 중에서도 종교적 속성(Payton, 2004) 및 나눔교육과 같은 사회화 과정(Bremner, 1996; Grusec and Kuczynski, 1997; Morsberger, 1997)이 일상적 이타행동에 큰 영향을 줄 수 있다는 기존 논의를 검증하는 데 초점을 둔다. 이를 위해 한국의 나눔행동을 대표하는 자료들을 활용하여 다각적인 분석을 시도한다. 먼저 일반 시민의 삶에서 행해지는 대표적인 일상적 이타행동이라 할 수 있는 기부와 자원봉사에 초점을 두고 각각의 참여 및 참여 강도에 대한 영향 요인에 대해서 살펴본다. 즉 일반 시민들 중 일상적 이타행동을 행하는 사람들과 그렇지 못한 사람들을 구분하는 속성이 무엇인지를 사회적 속성을 중심으로 다양한 측면에서 파악해 본다. 두 번째로는 이미 기부를 행해 온 시민들만을 대상으로 기부 기간과 기부 규모에 초점을 두어 이타적 행동을 살펴보면서 이들 시민의 이타적 행동의 수준에 차이를 발생시키는 것이 무엇인지를 사회적 속성을 중심으로 파악해 본다. 이러한 다각적 분석을 통해 일반시민들의 삶에서 관찰되는 일상적 이타행동에 대한 이해를 확장 및 심화시켜 보고자 한다.

제1절 일상적 이타행동에 대한 이해[1)]

1. 기부행동에 대한 분석

다음에서는 먼저 한국사회에서 일상적 이타행동 중 기부행동을 중심으로 실증적 분석을 시도한다. 기부행동의 경우 이를 기부 참여, 기부금액, 기부노력(소득대비 기부금액)으로 세분화하여 분석해 보면서 각각에 어떤 요인들이 관련성을 갖는지를 종합적으로 살펴보고자 한다. 특히 기부행동을 설명하는 사회적 속성에 초점을 두면서 종교(종교적 배경, 종교성 및 이념), 교육(교육수준 및 나눔교육을 통한 나눔의 사회화), 사회적 신뢰, 나눔대상 거리 수용도, 자원봉사행동과 같은 사회적 요인의 영향력을 살핀다. 기부행동에 대한 분석을 위해서는 프로빗 모형(probit model)과 토빗 모형(tobit model)을 사용한다. 프로빗 모형은 어떤 특정 행동의 선택 확률에 관심을 두고 분석하는 연구방법으로서 분석의 대상이 어떤 선택을 하는 경우(Y)와 선택을 하지 않는 경우(N)를 나누어 모집단의 선택 확률이 얼마나 되는지를 표본을 통해 분석하는 방법[2)]이라고 할 수 있다. 토빗 분석은 최소자승추정방식

1) 강철희 · 민인식(2012)의 연구결과를 정리한 내용임.

(OLS)을 활용한 회귀분석과 달리 종속변수의 양상이 선택적 편향(selection bias)을 보일 때 이를 교정하기 위해서 사용되는 분석 방법이다. 실제로 한국사회에서 기부행동 및 자원봉사행동에 대한 결과를 조사해 보면 이에 참여했다고 응답하는 인원이 20% 내외로 산출되는데 이 경우 최소자승추정방식(OLS) 회귀분석을 적용하게 되면 0(기부 및 자원봉사행동에 참여하지 않은 인원)이 많아 효율적인 추정치를 산출하는 데 제한이 있을 수 있다. 이런 상황에서 발생될 수 있는 선택적 편향을 교정하는 방법으로서 토빗 분석 또는 헤크만 분석이 적용되는데 본 연구에서는 토빗 분석을 적용하여 기부규모와 기부노력 등을 분석하였다. 분석을 위한 자료로는 종교 및 나눔사회화 변수에 특히 주목하여 한국 시민의 2011년의 나눔행동을 조사한 "2012 기빙코리아"[3] 자료를 사용한다. 분석결과[4]는 〈표 3〉에서 정리되는 바와 같다.

---

2) 프로빗 분석의 결과는 일반적으로 선택 확률을 구하는 로짓(logit) 분석의 결과와 그 분석결과가 유사하게 나온다. 프로빗 분석의 경우 로짓 분석과 분석자료의 분포(distribution)의 가정에서만 차이를 보이며, 실제 선택 확률을 산출하는 한계효과 분석(marginal effect)의 결과는 거의 동일하게 산출된다.

3) "기빙코리아(Giving Korea)"는 아름다운재단 기부문화연구소에서 한국 시민의 나눔행동의 양상을 종합적으로 파악하기 위해 2001년부터 일반 시민을 대상으로 2년마다 실시하는 조사자료임.

4) 기부행동(기부 참여율, 기부금액, 기부노력)의 조작적 정의
- 기부 참여율: 연간 순수 기부(Secular giving) 참여 여부
- 기부금액: 연간 Secular giving 총 금액(현금+현물. 단위: 천 원)
- 기부노력: 연간 Secular giving 총 금액 / 총 소득

종교성향의 조작적 정의
- 종교적 보수: 1주일에 1번 이상 종교적 의식에 참여하면서 보수적인 사람
- 종교적 진보: 1주일에 1번 이상 종교적 의식에 참여하면서 진보적인 사람
- 세속적 보수: 1년에 몇 번 정도 종교적 예배에 참여하거나 종교가 없으면서 보수적인 사람
- 세속적 진보: 1년에 몇 번 정도 종교적 예배에 참여하거나 종교가 없으면서 진보적인 사람

〈표 3〉 일상적 이타행동(기부행동) 영향요인에 대한 분석결과

구분		기부 참여여부	기부금액	기부노력
종교성향[1)]	종교적 보수	0.312	69.482	0.245
	종교적 진보	0.920**	244.057*	0.428
	세속적 진보	0.015	-3.215	-0.025
종교[2)]	기독교	-0.251†	46.316	0.151
	천주교	-0.121	169.088†	0.582*
	불교	-0.134	-36.780	-0.159
	기타 종교	0.170	74.548	0.257
나눔교육	사회교육	-0.089	70.763	0.197
	부모교육	0.010	-52.826	-0.169
	실천관찰	0.224*	68.786	0.346*
	자발실천	0.653***	183.952**	0.468**
	의무실천	0.012	22.104	-0.018
교육수준[3)]	고졸	-0.088	3.228	-0.076
	대재 이상	-0.067	83.442	0.055
사회적 신뢰	비영리기관	0.380**	119.823†	0.331†
	이익집단	-0.054	-31.732	-0.011
	영리/정부/언론	-0.034	-36.040	-0.008
나눔대상 거리 수용도		0.057	44.269*	0.070
자원봉사 여부[4)]		0.638***	319.078***	1.002***
연령		0.009†	6.504*	0.016†
성별[5)]		-0.102	-66.138	-0.156
가구원 수		-0.076†	-13.382	-0.046
결혼상태[6)]		0.296*	106.11†	0.068
연간가구소득(log)		0.154	96.164*	-0.099
거주 지역[7)]	중소도시(동)	-0.309*	-99.22	-0.180
	대도시	-0.289*	-121.350†	-0.303
직업[8)]	농·임·어업	0.369	52.271	0.376
	자영업	0.574*	351.034**	1.062**
	판매·영업·서비스직	0.436†	143.184	0.685†
	생산·기능·노무직	0.288	103.702	0.427
	사무·관리·전문직	0.498*	165.021	0.704†
	주부	0.262	135.998	0.630†
	학생	-0.292	-168.256	-0.442
상수항		-2.763**	-1788.952***	-2.238

*** p<.001 **p<.01 *p<.05 † p<.1

1) ref. 세속적 보수　2) ref. 종교 없음　3) ref. 중졸 이하
4) 자원봉사 참여=1, 자원봉사 불참여=0　5) 남=1, 여=0
6) 유배우=1, 무배우=0　7) ref. 중소도시 읍·면　8) ref. 무직

첫째, 기부행동 중 참여 결정 요인에 대한 프로빗 모형의 분석결과를 살펴보면, 사회적 요인들 가운데 종교적 성향, 나눔교육의 경험, 사회적 신뢰(비영리기관), 자원봉사 여부가 통계적으로 유의미한 관계를 갖는 것으로 나타났다. 통제변수들 가운데에는 결혼 상태, 거주지역, 직업이 기부 참여에 통계적으로 유의미한 관계를 갖는 것으로 나타났다. 본 장에서 초점을 두는 사회적 속성을 중심으로 분석 결과를 정리해 보면, 먼저 종교성향과 관련해서는 종교적이지 않고 이념적으로는 보수적인 성향의 시민들에 비해 종교적이고 이념적으로는 진보적인 성향을 갖는 시민들의 기부 참여가 보다 적극적인 경향이 있다는 것을 관찰할 수 있다. 다음으로 사회화의 대표적인 예인 나눔교육의 관련성을 살펴보면, 어린시절 나눔을 자발적으로 실천한 경험이 있는 시민들 그리고 부모님, 친척, 이웃 등이 어려운 이웃을 위해 이타적 행동을 행하는 것을 관찰한 경험이 있는 시민들은 기부 참여에 있어 보다 적극적인 경향이 있는 것으로 나타났다. 이는 나눔에 대한 간접적 경험과 직접적 참여행동의 경험이 이후의 일상적 이타행동인 기부행동의 발현 요인으로 작용하는 경향이 있음을 보여준다. 한편, 사회적 신뢰도 중 특히 비영리기관에 대한 신뢰도 역시 시민들의 기부 참여 여부에 있어 차이를 발생시키는 데 영향을 미치는 것으로 나타났다. 이는 어찌 보면 이웃에 대한 신뢰 그리고 더 나아가서 이들을 돌보는 기관들에 대한 신뢰가 중요한 관련 요인임을 시사해 준다. 마지막으로 현재의 자원봉사 참여 역시 기부 참여에 영향을 미치는 경향이 있는 것으로 나타났는데, 이는 이타적 행동이 어느 하나만을 선택하면서 대체되는 경향성을 지니기보다는 결합적이고 확장적으로 전개되는 경향성을 지닌다는 것을 시사해 준다.

둘째, 기부금액에 대한 토빗 모형 분석의 결과를 살펴보면, 사회적 요인들 가운데 종교성향, 나눔교육의 경험, 나눔대상 거리 수용도, 자원봉사 여부가 통계적으로 유의미한 관계를 갖는 것으로 나타났다. 통제변수들 가운데에는 연령, 결혼상태, 연간가구소득, 직업이 기부금액에 통계적으로 유의미한 관계를 갖는 것으로 나타났다. 사회적 속성을 중심으로 분석 결과를 정리해 보면, 먼저 종교와 관련해서는 기부 참여와 마찬가지로 종교적이지 않고 이념적으로는 보수적인 성향의 시민들에 비해 종교적이고 이념적으로는 진보적인 성향을 갖는 시민들의 일상적 이타행동의 정도, 즉 기부금액이 더 큰 경향이 있다는 것을 관찰할 수 있다. 다음으로 나눔교육의 관련성을 살펴보면, 어린 시절 나눔을 자발적으로 실천한 경험이 있는 시민들은 기부금액에 있어서 보다 큰 차이를 보이는 것으로 나타났다. 이는 이러한 경험을 지니는 시민들은 일상적 이타행동의 정도가 더 높은 경향이 있는 것으로 보여준다. 다음으로 자신이 나눌 수 있는 대상을 자신의 가족이나 가까운 이웃을 넘어 우리 사회의 타인 그리고 제3세계의 시민들로까지 더 확장해서 수용하는 경우, 즉 나눔대상 거리 수용도가 더 높을수록 기부의 금액은 더 높은 것으로 나타났다. 즉 나눔의 대상을 더 포괄적으로 구성하고 있는 경우, 일상적 이타행동의 정도가 더 높게 나타나는 경향이 있다는 것을 인식할 수 있다. 이는 함께 나눌 수 있는 이웃에 대한 조망을 보다 보편화시킬 수 있는 사람들이 일상적 이타행동에 보다 적극적인 경향성을 나타낼 수 있음을 보여준다. 한편 위의 기부 참여에 대한 분석결과와 마찬가지로 현재의 자원봉사 참여가 기부금액에도 정적인 방향의 영향을 갖는 것으로 나타났는데, 이는 일상적 이타행동이 어느 하나만을 선택하면서 대체되는 경향성을 지니기보다는 결합적이고 확장적인 경향성을 지닌다는 것을 다시 한 번 제시해 주는 결과라 할 수 있다.

마지막으로 자신의 소득에 대비한 기부금액을 의미하는 기부노력에 대한 분석을 통해 일상적 이타행동의 수준에 대해 다각적인 시각에서 심도 깊은 이해를 모색해 보았다. 기부금액의 경우 소득 등의 재정적 요인에 의해 선형 관계가 파악되는 경향이 큰데, 이와는 다르게 각기 다른 개인의 경제적 여건 속에서 행해지는 기부행동의 양상을 좀 더 정확하게 파악할 수 있게 한다는 점에서 의미가 크다. 기부노력에 대한 분석결과, 사회적 속성들 가운데 종교(천주교), 나눔교육, 자원봉사가 통계적으로 유의미한 영향을 미치는 것으로 나타났다. 통제변수들 중에는 직업(자영업)만이 다른 직업군에 비해 유일하게 통계적으로 유의미한 영향을 미치는 것으로 나타났다. 본 장에서 초점을 두는 사회적 속성을 중심으로 결과를 정리해 보면, 먼저 종교와 관련해서는 이념과 결합시킨 종교성의 경우 통계적으로 유의미한 차이를 갖지 않고, 천주교를 종교로 갖는 시민들의 경우 종교가 없는 시민들에 비해 기부노력의 수준이 더 높은 경향이 있는 것으로 나타났다. 즉 전통적으로 이웃에 대한 나눔을 통해서도 구원의 길에 도달할 수 있음을 강조하며 이를 가르쳐온 종교적 전통을 지니는 천주교를 종교로 갖는 시민들의 경우 같은 수준의 경제적 범위 내라 할지라도 기부노력을 통해 측정한 일상적 이타행동의 수준은 유의하게 보다 높은 경향이 있음을 살필 수 있다. 다음으로 나눔교육의 관련성을 살펴보면, 일상적 이타행동의 참여(기부 참여)와 마찬가지로 어린시절 나눔을 자발적으로 실천한 경험이 있는 시민들 그리고 부모님, 친척, 이웃 등이 어려운 이웃을 위해 일상적 이타행동을 행하는 것을 관찰한 경험이 있는 시민들은 기부노력에 있어 보다 적극적인 경향이 있는 것으로 나타났다. 이는 나눔에 대한 간접적인 경험과 직접적 참여행동의 경험이 이후의 일상적 이타행동의 발현 요인으로 작용하는 경향이 있다는 것을 다시 한 번 확인시켜 주는 결과라 할 수 있다. 한편 자원봉사 참여의 경우 그 결과는 일관적인 것으로 나타났다. 즉 위의 일상적 이타행동에의 참여(기부 참여) 및 정도(기부금액)에 대한 분석 결과와 마찬가지로 일상적 이타행동의 수준(기부노력)에 정적인 방향의 영향을 갖는 것으로 나타났다. 이는 일상적 이타행동이 어느 하나만을 선택하면서 대체되는 경향성을 지니기보다는 결합적이고 확장적인 경향성을 지닌다는 것을 다시 한 번 시사해 주는 결과라 할 수 있다.

일상적 이타행동을 참여(기부 참여), 정도(기부규모) 및 수준(기부노력)으로 세분화하는 접근은 일반 시민들이 나타내는 일상적 이타행동을 다각적으로 이해하는 데 있어 매우 중요할 수 있다. 이런 미묘한 차이에 초점을 두고 일상적 이타행동을 다각적으로 분석한 결과를 종합해보면, 먼저 종교와 관련된 요인이 일상적 이타행동에 영향을 미칠 수 있다는 것을 인식할 수 있다. 즉 종교적 성향과 종교에 따라 일상적 이타행동 상에서 차이가 발생되는 경향이 있다는 것을 확인해 볼 수 있다. 또한 나눔의 사회화와 관련이 있는 요인이라 할 수 있는 나눔교육, 특히 어린시절 나눔을 자발적으로 실천한 경험이 있는 경우 그리고 부모님, 친척, 이웃 등이 어려운 이웃을 위해 이타적 행동을 하는 것을 관찰한 경험이 있는 경우에 일관되게 기부행동 상에서 차이가 발생되는 경향이 있다는 것을 확인해 볼 수 있다. 마지막으로 현재의 자원봉사 참여는 나눔의 자발적 실천의 과거 경험과 함께 일관적으로 일상적 이타행동의 참여와 정도 및 수준 모두에 정적인 방향의 영향력을 갖는 것으로 나타났다. 이는 일반 시민의 삶에서 자원봉사활동은 다른 형태의 이타적 행동과 결합적으로 확장되는 경향성을 지닌다는 것을 확증시켜 준다. 이러한 결과들을 요약 정리해 보면,

시민들의 일상적 이타행동, 특히 시민들의 기부행동의 다양한 양상에 종교적 가치는 일정 부분 촉진 및 강화의 형태로 영향을 미칠 수 있다는 것을 확인할 수 있다. 더 나아가서 기부행동은 어린 시절의 나눔 실천경험에 기반한 사회화 과정을 통해서 그 행동이 촉진 및 강화될 수 있다는 것을 확인할 수 있다. 마지막으로 기부행동은 현재의 자원봉사활동을 통해 그 행동이 더 촉진 및 강화되는 방식으로 영향받는 경향이 있다는 것을 확인할 수 있다. 현재의 자원봉사 활동 역시 나눔의 사회화 개념과 관련지어 이해할 수 있는데 이러한 시각에서 정리해 보면, 시민의 다양한 형태의 기부행동은 과거와 현재의 학습 및 활동을 통해 습득된 것의 연장일 수 있음을 인식할 수 있다. 즉 나눔의 사회화는 시민의 일상적 이타적 행동을 촉진 및 강화시키는 매우 중요한 기제란 것을 인식할 수 있다.

2. 자원봉사행동에 대한 분석

전술한 바와 같이 일반 시민의 일상적 이타행동 중 기부행동과 같은 비중을 갖는 또 다른 대표적 행동은 자원봉사행동이라 할 수 있다. 다음에서는 자원봉사행동을 자원봉사 참여와 자원봉사 시간으로 나누고, 이에 대한 사회적 속성의 영향력을 살펴본다. 사회적 속성의 구성과 관련해서는 기부행동에서와 마찬가지로 자원봉사행동을 설명하는 대표적인 요인들을 통제하면서 종교(종교적 배경 및 종교성), 교육(교육수준 및 나눔교육을 통한 나눔의 사회화), 사회적 신뢰, 나눔대상 거리 수용도, 기부행동과 같은 사회적 속성 요인의 영향력을 살펴본다. 자원봉사행동에 대한 분석에서도 기부행동과 마찬가지로 프로빗 모형(probit model)과 토빗 모형(tobit model)을 사용한다. 분석자료는 기부행동에 대한 분석과 마찬가지로 한국 시민의 2011년의 나눔행동을 조사한 "2012 기빙코리아" 자료를 사용한다. 자원봉사행동에 대한 분석결과[5]는 〈표 4〉에서 정리되는 바와 같다.

첫째, 자원봉사행동 중 참여에 대한 프로빗 모형 분석의 결과를 살펴보면, 사회적 속성들 가운데 종교, 나눔교육, 기부 참여 여부가 통계적으로 유의미한 관계를 갖는 것으로 나타났다. 통제변수들 가운데에는 연령, 가구원 수, 직업이 자원봉사 참여에 통계적으로 유의미한 관계를 갖는 것으로 나타났다. 본 장에서 초점을 두는 사회적 속성을 중심으로 분석 결과를 정리해 보면, 먼저 종교와 관련해서는 종교를 갖지 않는 사람들에 비해 천주교를 갖는 시민들의 일상적 이타행동의 참여, 즉 자원봉사활동에의 참여가 보다 적극적인 경향이 있다는 것을 관찰할 수 있다. 다음으로 나눔교육의 관련성을 살펴보면, 어린 시절 나눔을 자발적으로 실천한 경험이 있는 시민들은 자원봉사 참여에 있어 보다 적극적인 경향이 있는 것으로 나타났다. 이는 기부행동에 대한 분석결과와 마찬가지로 직접적인 나눔활동의 경험이 이후의 일상적 이타행동의 중요한 발현 요인으로 작용하는 경향이 있다는 것을 확인해 준다. 또한 현재의 기부행동에의 참여 여부도 또 다른 대표적 일상적 이타행동인 자원봉사 활동에의 참여 가능성을 제고시키는 주요한 요인인 것으로 나타났다. 이는 기부행동과 자원봉사행동의 쌍방적 관계(bi-lateral relationship)에 대한 보다 세밀한 후속적 분석이 요구되는 결과인 것으로 여겨지긴 하나, 기본적으로는 일상적 이타행동을 구성하는 행동들은 대체성이 아닌 상호 결합적인 확장성, 즉 상호

---

5) 자원봉사행동의 조작적 정의
- 자원봉사 참여율: 연간 비종교 자원봉사(Secular volunteering) 참여 여부
- 자원봉사 시간: 연간 Secular volunteering 총 시간(단위: 시간)

〈표 4〉 일상적 이타행동(자원봉사행동) 결정 요인에 대한 분석결과

구분		자원봉사 참여여부	자원봉사 시간
종교성향1)	종교적 보수	0.267	25.806
	종교적 진보	0.322	41.298†
	세속적 진보	-0.003	14.710
종교2)	기독교	0.202	12.192
	천주교	0.718***	74.692***
	불교	-0.086	-4.247
	기타 종교	0.809†	66.315
나눔교육	사회교육	0.027	-5.793
	부모교육	0.140	32.156*
	실천관찰	-0.223†	-27.831†
	자발실천	0.472***	53.058***
	의무실천	0.123	7.284
교육수준3)	고졸	0.287†	49.623*
	대재 이상	0.144	26.304
사회적 신뢰	비영리집단	0.074	14.573
	이익집단	0.008	-0.423
	영리정부언론	0.179	22.267†
나눔대상 거리 수용도		-0.043	-9.146†
기부 여부4)		0.624***	69.562***
연령		0.013*	2.147**
성별5)		0.096	-3.379
가구원 수		0.124**	13.505*
결혼상태6)		0.004	-2.793
연간가구소득(log)		-0.030	2.395
거주 지역7)	중소도시(동)	-0.210	-12.716
	대도시	-0.173	5.739
직업8)	농·임·어업	0.909*	100.357*
	자영업	0.496†	53.464
	판매·영업·서비스직	0.205	15.314
	생산·기능·노무직	0.045	5.055
	사무·관리·전문직	0.713*	67.502†
	주부	0.530†	55.956†
	학생	1.451***	154.795***
상수항		-3.307**	-493.001***

*** p<.001 **p<.01 *p<.05 † p<.1

1) ref. 세속적 보수　2) ref. 종교 없음　3) ref. 중졸 이하
4) 기부 참여=1, 기부 불참여=0　5) 남=1, 여=0
6) 유배우=1, 무배우=0　7) ref. 중소도시 읍·면　8) ref. 무직

보완적인 속성을 지니는 경향이 있음을 다시 한 번 제시해 주는 결과인 것으로 이해해 볼 수 있다.

둘째, 자원봉사행동 중 자원봉사 시간에 대한 토빗 모형 분석의 결과를 살펴보면, 사회적 속성들 가운데 종교, 나눔교육, 교육수준, 기부 여부가 통계적으로 유의미한 관계를 갖는 것으로 나타났다. 통제변수들 가운데에는 연령과 가구원 수가 자원봉사 시간에 통계적으로 유의미한 관계를 갖는 것으로 나타났다. 자원봉사 시간에 대해서도 본 장에서 초점을 두는 사회적 속성을 중심으로 정리해 보면, 먼저 종교와 관련해서는 천주교는 일관적인 결과를 제시해 준다. 즉 천주교를 종교로 갖는 시민들의 경우 종교가 없는 시민들보다 자원봉사 시간이 보다 더 많은 경향이 있다는 것을 관찰할 수 있다. 다음으로 나눔교육의 관련성을 살펴보면, 자원봉사 참여모형의 결과와 마찬가지로 어린시절 부모로부터 나눔의 중요성에 대한 교육을 받은 경험이 있는 시민들의 자원봉사 시간은 상대적으로 더 많은 경향이 있는 것으로 나타났다. 또한 자원봉사 참여에 대한 분석결과와 마찬가지로 어린 시절 스스로 자발적으로 나눔을 실천한 경험이 있는 시민들의 경우, 자원봉사활동에 투입하는 시간이 상대적으로 더 많은 경향이 있는 것으로 나타났다. 이는 위의 기부행동에 대한 분석에서도 일관적으로 관찰되는 결과이다. 이러한 결과는 기부 및 자원봉사와 같은 일상적 이타행동이 어린 시절 경험 및 이전 학습을 통해 내재화되어 향후 이런 행동을 지속적으로 발현되게 하는 구조를 갖는 경향이 있다는 것을 확인할 수 있게 한다. 한편 자원봉사 시간에 있어 일반적인 교육수준도 영향력을 갖는 것으로 나타났는데, 흥미롭게도 고졸의 학력을 갖는 경우 그 보다 낮은 학력을 갖는 시민들에 비해 자원봉사 시간이 상대적으로 더 많은 것으로 파악되었다. 그러나 대학 이상의 학력을 갖는 시민들의 경우에는 고졸보다 더 낮은 학력을 갖는 시민들과 차이를 갖지 않았다. 즉 교육수준에 따른 자원봉사 시간상의 차이는 일관적이지는 않았다. 후속적인 분석을 통해 교육수준의 영향력 양상에 대한 이해가 더 구체적으로 구축되어야 할 것으로 본다. 마지막으로 자원봉사 참여에 대한 분석과 마찬가지로 현재의 기부 참여가 자원봉사 시간에서도 큰 차이를 발생시키는 주요한 요인인 것으로 나타났다. 기부행동에 대한 분석에서 자원봉사 역시 주요한 영향 요인인 것으로 나타났는데, 이런 결과는 전술하였듯이 기부행동과 자원봉사행동의 쌍방적 관계에 대해 보다 세밀한 후속적 분석이 필요하다는 것을 시사해 준다. 그런 필요성에도 불구하고 이는 일상적 이타행동이란 것은 그 내용을 구성하는 어느 하나만의 행동이 대체적으로 선택되는 경향성이 있는 것이 아니라 다른 형태의 일상적 이타행동과 결합적으로 확장되어 전개되는 경향성이 있다는 것을 시사해 주는 결과라고 해석된다.

일상적 이타행동 중 자원봉사행동에 대한 분석결과를 종합해 보면, 종교에 따라 자원봉사행동 상에서 차이가 발생되는 경향이 있다는 것을 확인해 볼 수 있다. 또한 나눔의 사회화와 관련이 있는 요인이라 할 수 있는 나눔교육, 특히 어린 시절 나눔을 자발적으로 실천한 경험이 있는 경우 그리고 부모에 의해 나눔의 가치와 실천 등에 대한 교육을 받은 경험이 있는 경우 일관되게 자원봉사행동 상에서 차이가 발생되는 경향이 있음을 확인해 볼 수 있다. 마지막으로 현재의 기부행동은 나눔의 자발적 실천 경험과 함께 일관적으로 자원봉사행동 모두(참여와 시간)에 정적인 방향의 영향력을 갖는 것으로 나타났는데, 이는 기부행동과 자원봉사행동은 결합적으로 확장되는 경향성이 크다는 것을 일관적으로 보여주는 결과인 것으로 해석된다. 이러한 결과들을 요약 정리해 보면, 시민들의 일상적 이타행동, 특히 시민들의 자원봉사와 관련된 다양한 행동양상에 종교는 분명 일정한 영향력을 지닌 촉진제 혹은 강화제일 수 있다는 것을 확인할 수 있다. 더 나아가서 자원봉사행동 역시도 어린 시절의 나눔 실천경험에 기반한 사회화 과정을 통해서 그 행동이 촉진 및 강화될 수 있다는 것을 확인할 수 있다. 마지막으로 일상적 이타행동을 구성하는 기부행동은 또 다른 대표적 일상적 이타행동이라 할 수 있는 자원봉사행동을 촉진 및 강화의 방식으로 상호 영향을 주는 경향이 있다는 것을 파악할 수 있다. 그러나 기부행동과 자원봉사행동의 상호 영향력의 관계에 대해서는 엄격한 방식의 쌍방적 관계에 대한 후속적 분석을 통해서 상호의 영향관계가 보다 엄밀하게 검증되어야 할 필요성이 있다.

제2절 일반 시민의 일상적 이타행동에 대한 국가비교: 종교성과 교육수준 영향력

앞선 분석을 통해 종교유형(천주교) 및 종교적 성향(종교적 진보)은 일상적 이타행동인 기부행동이나 자원봉사행동에 일정 부분 영향을 미친다는 것을 파악해 볼 수 있었다. 그러나 종교와 관련된 요인의 일상적 이타행동에의 영향력을 좀 더 명확하게 파악하기 위해서는 종교에 대한 실제적 활동수준 또는 헌신수준으로 정의되는 '종교성(religiosity)'에 보다 주목해서 기부나 자원봉사와 같은 일상적 이타행동과의 관계를 살필 필요성이 강조된다(Lyons와 Nivison-Smith, 2006). 다음의 분석에서는 우리 사회에서 종교성이 과연 일상적 이타행동,

즉 기부 및 자원봉사와 어떠한 관계인지에 주목하면서 이 내용에 관해 분석해 보고자 한다. 특히 종교성과 일상적 이타행동의 관계가 한국사회에서도 실증적으로 파악되는 현상인 것인지 혹은 다른 사회에서만 적용될 수 있는 현상인 것인지를 탐색해 보고자 하는데, 이를 확인하기 위해 미국의 "The Social Capital Community Benchmark Survey(2000)"와 한국의 "2012 기빙코리아" 자료를 활용하여 비교 차원에서 분석한다.

시민들의 종교성에 따른 일상적 이타행동의 양상 즉 기부행동 및 자원봉사행동 상에서 나타나는 기본적 차이를 살펴보면, 〈표 5〉에 제시되는 바와 같다. 일상적 이타행동의 세부적인 양상이라고 할 수 있는 기부 참여, 기부금액, 기부노력, 연간 자원봉사 참여, 연간 자원봉사 시간에 대한 분석결과, 한국과 미국 모든 곳에서 종교적 성향을 지닌 시민들은 종교적 성향을 지니지 않는 시민들 즉 세속적 성향을 지닌 시민들에 비해 일관적으로 보다 높은 적극성을 나타내는 것이 관찰된다. 특히, 한국의 경우에는 기부금액과 기부노력 부분에서 보

〈표 5〉 종교성에 따른 일상적 이타행동(기부행동 및 자원봉사행동)의 차이

구분	Giving Korea(2012)		SCCBS(2000)	
	종교적 성향[3]	세속적 성향[4]	종교적 성향[1]	세속적 성향[2]
연간 기부 참여율(secular)	76.7%	51.8%	71%	61%
연간 기부금액(secular)	316,697원	62,689원	532달러	467달러
연간 기부노력(secular)	0.89%	0.15%	-	-
연간 자원봉사 참여율(secular)	44.8%	21.0%	60%	39%
연간 자원봉사 시간(secular)	28.1시간	13.5시간	-	-

1) 1주일에 1번 이상 종교적 의식에 참여하는 사람.
2) 1년에 몇 번 정도 종교적 의식에 참여하거나 종교가 없는 사람.
3) 종교단체의 활동이나 모임에 적극적 또는 매우 적극적으로 참여하고 활동하는 사람.
4) 종교단체의 활동이나 모임에 전혀 참여하지 않거나 종교가 없는 사람.

다 큰 차이를 갖는 것으로 파악된다. 즉 종교성이 높은 시민들은 세속적 성향을 지닌 시민들에 비해 일상적 이타행동의 정도 및 수준(연간 기부금액 및 기부노력)이 약 5배 정도 더 높은 것으로 나타났다. 이러한 분석결과는 해외에서 논의되는 바와 마찬가지로 종교적인 활동에 보다 적극적인 시민들의 경우 일상적 이타행동의 실천에 있어 보다 적극적인 경향성이 있다는 것을 분명하게 보여준다. 더 나아가서 이는 일상적 이타행동에 대한 이해에 있어 종교성의 영향력에 대해 좀 더 주목할 필요성이 있다는 것을 시사해 준다.

다음으로 해외 자료와의 비교를 통한 이해를 제고시키기 위해 일반 시민의 일상적 이타행동 중 먼저 기부행동에 초점을 두고 기부참여와 기부금액으로 구분한 후 각각에 대해 사회적 요인의 영향력을 분석해 본 결과이다. 특히 기부 참여와 관련해서는 종교적 기부와 일반 기부를 결합하는 방식의 연구가 보다 보편적인 해외 연구와의 비교를 보다 용이하게 하기 위해 종교적 기부와 일반(세속) 기부를 합한 경우와 일반(세속) 기부로 한정한 경우로 구분하여 분석한다. 사회적 요인은 미국 자료와의 비교를 용이하게 하기 위해 〈표 3〉과 유사하나 조금 다르게 종교가 제외되었고, 교육수준은 조금 더 세분화시켰고, 이념적 성향은 독립적인 것으로 구성하였다. 즉 종교성, 교육수준, 이념적 성향(정치성향) 각각에 주목하여 기부참여와 기부규모와의 관계를 살펴본다. 기부참여에 대해서는 프로빗 모형(probit model)을 활용하고, 기부규모 즉 금액에 대해서는 토빗 모형(tobit model)을 활용하여 검증한다. 분석의 결과는 〈표 6〉과 〈표 7〉에서 제시되는 바와 같다.

기부 참여에 대한 종교성, 교육, 정치적 성향 등의 사회적 요인의 영향을 분석한 결과, 한국과 미국 모든 곳에서 공통적으로 종교성,

〈표 6〉 기부 참여여부에 대한 분석결과

기부 참여여부		Giving Korea(2012)		SCCBS(2000)
		Coef.(Secu+Relig)	Coef.(Secular)	Coef.(Secu+Relig)
종교성[1)]	종교적	0.746**	.640**	0.384**
	세속적	-0.787**	-.010	-0.656**
교육 수준[2)]	고졸	-.058	.009	0.447**
	대졸	.134	.196	0.788**
	대학원재 이상	.134	.057	0.929**
정치 성향[3)]	보수	-.020	-.208*	0.024
	진보	.111	.073	0.059
성별[4)]		-0.238*	-.121	-0.053
결혼상태[5)]		0.375**	.352**	0.103**
가구원 수		-.093*	-.068*	0.0018
연령		.011*	.009*	0.0074**
연간가구소득		.214*	.214*	0.0108**
인종[6)]	백인	-	-	0.285**
	흑인	-	-	0.14**
상수항		-1.151	-2.037**	-0.493**

**p<.01 *p<,05

1) ref. 중도적 성향　2) ref. 중졸 이하　3) ref. 중도

4) 남=1, 여=0　5) 유배우=1, 무배우=0　6) ref. 흑인 외 유색인

특히 종교적인 성향이 확실하게 있는 경우 중도적 성향을 갖는 시민들과 비교할 때 기부참여에서 통계적으로 유의미한 차이가 있는 것으로 나타났다. 특히 한국에서는 종교적 기부활동에의 참여와 일반 기부 즉 세속적 기부활동에의 참여를 결합한 경우에서 뿐만이 아니라, 세속적 기부활동에의 참여로 한정시킨 경우에도 기부참여에서 종교성은 일관적으로 차이를 갖는 것으로 나타났다. 한편 종교적인 성향이 확실하게 없는 경우, 즉 세속적 성향을 지닌 시민들의 경우 종교적 기부활동에의 참여와 일반 기부 즉 세속적 기부활동에의 참여를

〈표 7〉 기부금액에 대한 분석결과

기부금액		Giving Korea(2012)		SCCBS(2000)
		Coef.(Secu+Relig)	Coef.(Secular)	Coef.(Secu+Relig)
종교성[1]	종교적	1038.044**	332.769**	1,130.4**
	세속적	-677.500**	-71.871	-761.311**
교육 수준[2]	고졸	13.829	75.249	554.594**
	대졸	294.556*	165.845*	991.475**
	대학원재 이상	346.306	165.738	1,313.74**
정치 성향[3]	보수	-28.714	-88.518	271.631**
	진보	-44.163	28.3549	127.631**
성별[4]		27.104	-68.275	192.621**
결혼상태[5]		472.464**	165.614**	168.617**
가구원 수		-42.766	-18.632	21.6851
연령		6.796	5.076*	15.8724**
연간가구소득		277.800**	143.780**	26.3097**
인종[6]	백인	-	-	442.544**
	흑인	-	-	513.696**
Constant		-2562.341**	-1631.68**	-2,506.22*

**p<.01 *p<.05

1) ref. 중도적 성향 2) ref. 중졸 이하 3) ref. 중도
4) 남=1, 여=0 5) 유배우=1, 무배우=0 6) ref. 흑인 외 유색인

결합한 경우에 중도적 성향을 갖는 시민들과 비교할 때 일상적 이타행동에 참여(기부 참여)할 확률이 확연히 낮은 것으로 나타났다. 일반 기부에의 참여만을 볼 때에는 세속적 성향을 지닌 시민들과 종교적 성향을 지닌 시민들 간의 기부참여 확률의 차이는 유의미하게 존재하고, 세속적 성향을 지닌 시민들과 중도적 성향을 갖는 시민들 간 기부참여(기부 참여)의 확률은 유의미한 차이를 갖지는 않았다. 이러한 결과는 한국과 미국 모든 곳에서 종교성이 일상적 이타행동의 참여(기부 참여)를 설명하는 매우 주요한 요인이란 사실을 확인시켜 준다.

한편 교육수준에 있어서는 한국과 미국의 자료는 다른 결과를 제시한다. 미국의 경우 중졸이하와 대비해서 분석할 때 교육수준이 더 높아질수록 기부행동에 참여할 확률이 더 높고, 이러한 결과는 통계적으로 일관적으로 유의미하다. 그러나 한국의 경우에는 교육수준이 일관적인 통계적 유의성을 갖지는 않는 것으로 나타났다. 교육수준의 영향력에서 한국과 미국 사이에서 이러한 차이가 발생되는 이유와 관련해서는 교육의 내용과 방식 등의 차이에 의한 것인지 그렇지 않으면 기타 요인과의 결합에 의한 것인지에 관해 향후 후속연구를 통해 좀 더 명확히 탐색되어야 할 필요성이 있다. 교육 이외에 관심을 두었던 정치적 이념성향의 영향력을 살펴보면, 한국의 일반 기부(secular giving)의 경우에만, 정치적 이념의 성향이 통계적으로 유의미한 요인인 것으로 나타났다. 구체적으로는 정치성향이 중도인 시민들의 경우보다 보수적인 시민들인 경우 세속적 기부활동에의 참여 확률이 보다 낮은 것으로 파악되었다. 이는 한국에서 이웃과 공동체를 위한 일상적 이타행동, 구체적으로는 사회를 위한 일반 기부활동에의 참여와 관련해서 보수적 이념을 갖는 시민의 적극성이 상대적으로 낮은 경향성이 있다는 것을 제시해 주는 결과라 할 수 있다. 마지막으로 인구사회학적 요인의 영향력을 정리해 보면, 한국에서는 종교적 기부를 포함한 일상적 기부활동과 이를 제외한 일반 기부활동에의 참여 모두에서 결혼상태, 가구원 수, 연령, 가구소득이 통계적으로 유의미한 영향을 미치고, 미국에서는 결혼상태, 연령, 가구소득, 인종이 종교적 기부를 포함한 일상적 기부활동에의 참여에 통계적으로 유의미한 영향을 미치는 것으로 나타났다. 한국의 경우 성별(여성)은 종교적 기부를 포함한 일상적 기부활동에의 참여에는 유의미한 차이를 보이나, 종교적 기부를 제외한 일반 기부활동에의 참여에서는 유의미한 차이를 갖지 않았다.

다음은 일상적 이타행동의 정도를 파악하기 위해 기부금액에 대한 사회적 요인들의 영향력을 국가별 비교의 차원에서 분석해 본 결과이다. 〈표 7〉에서 제시되는 바와 같이, 한국과 미국 모든 곳에서 공통적으로 종교성은 일상적 이타행동의 정도, 즉 기부금액과 관련해서 통계적으로 매우 유의미한 설명 요인인 것으로 나타났다. 구체적으로 살펴보면, 종교적으로 중도적 성향의 시민들에 비해 더 종교적인 성향을 갖는 시민일수록 기부금액은 더 많아지는 경향이 있음을 알 수 있다. 또한 중도적 성향에 비해 세속적 성향의 시민들일수록 기부금액은 훨씬 적어지는 경향이 있었다. 한국의 경우, 종교적인 시민들이 보이는 이러한 경향성은 일반 기부, 즉 세속적 기부금액에 대한 모형에서도 일관적인 모습을 갖는 것으로 나타났다. 즉 종교적인 시민들의 경우, 사회를 위한 일반 기부의 규모에서도 유의미한 차이를 가졌다. 정리하면, 종교적으로 중도적인 성향에 비해 종교적인 성향이 강할 때 일상적 이타행동의 정도는 일반적으로 훨씬 더 컸다. 세속적인 시민들은 일반 기부에서만 중도적인 시민들과 유의미한 차이가 없는 것으로 나타났다. 종교성이 강한 시민들은 일상적 이타행동의 수준, 구체적으로는 종교적 기부와 사회를 위한 일반 기부의 규모를 결합한 경우만이 아니라 세속적 기부 즉 일반 기부에만 국한시킨 경우에도 큰 차이를 보였다. 이들은 상대적으로 보다 큰 규모에서 일상적 이타행동을 행하는 경향성이 있는 것이 확인되었다. 이러한 결과는 종교도 중요할 수 있지만, 더 나아가 종교성이 시민의 일상적 이타행동, 구체적으로는 기부행동의 수준(기부규모)에 매우 중요한 영향력을 갖는다는 점을 보여준다. 이웃과 함께하는 것을 중요시하는 종교적 가르침에 대한 적극적인 수용은 사회적 삶 가운데서의 이타적 행동의 실천과 높은 관련성이 있음을 제시해 준다. 한편 교육수준에 있어서는 기부 참여에 대한 분석 결과와 마찬가지로 한국과 미국의 자료는 다소 다른 결과를 보였다. 미국의 경우 중졸 이하에 대비할 때 교육수준이 더 높을수록 기부금액은 일관적으로 더 높고, 이러한 관계는 통계적으로도 일관되게 유의한 양상인 것으로 나타났다. 그러나 한국의 경우에는 교육수준에서 대학졸업의 학력을 갖는 시민들의 경우에만 통계적 유의성이 갖는 것으로 나타났다. 중학교 이하의 학력을 갖는 시민들에 대비해서 대학교 졸업의 학력 수준을 갖는 시민들의 경우에는 기부금액이 더 높았다. 교육수준에 따라 제한적으로만 차이가 발생하는 현상과 관련해서 이런 관계가 가구소득과 같은 기타 요인들과 어떻게 연동되는 것인지를 주목하며 후속 연구를 통해 지속적으로 탐색해 볼 필요성이 있다. 다음으로 정치적 이념 성향의 경우, 기부금액 즉 기부의 규모와 관련해서 미국의 경우에만 통계적으로 유의미한 관계를 갖는 것으로 나타났다. 그리고 그 차이는 흥미롭게도 중도 성향에 비해 진보와 보수 성향 모두의 경우에 있어 기부금액이 더 큰 것으로 나타났다. 특히 보수의 경우에 있어 기부의 규모는 진보의 경우에 비해서도 보다 더 큰 것으로 나타났다. 인구사회학적 요인의 영향력을 정리해 보면, 한국에서는 결혼상태, 연령, 가구소득이 기부금액을 설명하는 데 있어 통계적으로 유의미한 차이를 발생시키고, 미국에서는 성별, 결혼상태, 연령, 가구소득, 인종이 통계적으로 유의미한 차이를 발생시키는 것으로 나타났다.

종교성, 교육수준, 이념적인 성향(정치적 이념)에 주목하면서 비교의 관점에서 분석한 결과들을 종합적으로 정리해보면, 시민들의 일상적 이타행동의 하나인 기부행동과 관련해서 종교성과 교육수준 및 이념적인 성향 중에서 기부에의 참여 및 기부규모에 일관적으로 영향을 미치는 것은 종교적인 헌신 및 몰입의 정도로 정의되는 종교성인 것으로 나타났다. 이는 한국과 미국 두 곳 모두에서 기부행동을 설명하는 매우 주요한 요인이었다. 사회문화적 차이에도 불구하고 종교성이 이러한 일관된 영향력을 지닌다는 사실은 일상적 이타행동에 대한 이해 구축의 과정에서 종교성이 지닌 의미에 집중하며 이를 보다 세밀하게 파악해 볼 필요성이 매우 크다는 것을 시사한다. 즉 종교성이 일상적 이타행동을 강화하고 촉진하는 기제로서의 의미를 뚜렷이 갖는다는 것을 나타내는 결과라 할 수 있기 때문에, 향후 보다 집중된 연구가 필요할 수 있다. 한편 교육수준의 영향력을 보면, 한국과 미국의 차이가 크게 존재한다는 것을 확인할 수 있었다. 기부행동 전반에 대해 교육수준이 일관적인 영향력을 나타내는 미국의 경우와는 달리 한국에서는 교육수준이 기부규모에 대한 대학교 졸업의 영향을 제외하고는 유의한 차이를 나타내지 않았다. 나눔의 가치가 교육을 통해 더 배양될 수 있게 이끄는 것과 관련해서 사회적인 차이 및 교육 시스템적인 차이 때문에 기인되는 것으로 해석해 볼 수 있을 듯한데, 정확한 이유와 관련해서는 엄밀한 후속연구가 필요해 보인다. 위의 분석결과를 전반적으로 반추해 보면, Bowles와 Gintis(2011)가 제시하는 바와 같이 사회 내 제도(institution) 즉 종교와 교육 등이 시민들의 일상적 이타행동에 대해 일정한 수준의 영향력을 지니는 경향이 있다는 것을 인식하게 된다. 특히 일상적 이타행동의 중요성을 가르치고 심화시키는 종교로부터 발생되는 영향력이 일반적인 인식 및 평가에 비해 훨씬 더 클 수 있고, 이타적 행동의 사회화를 가능하게 하는 일반 교육의 경우에도 사회적 배경 및 교육과정의 속성에 따라 차이를 갖긴 하나 의미 있는 영향력을 지닐 수 있다는 것을 시사해 준다.

제3절 일반 시민의 지속적인 일상적 이타행동 분석: 정기적 기부

본 절에서는 일상적 이타행동이 일회적으로 또는 간헐적으로 나타나는 것을 넘어서는 현상에 집중한다. 즉 일상생활 속에서 소소할 수도 있지만 지속적으로 이타행동을 행하는 시민들의 행동 양상에 주목하면서 그 행동 양상을 설명하는 속성이 무엇인지를 사회적 요인을 중심으로 파악해 보고자 한다. 일상적 이타행동을 이해하는 데 있어, 지속성을 갖고 정기적으로 일상적 이타행동을 행하는 이들이 과연 어떤 차별적 속성을 갖는지를 파악하고 규명하는 것도 매우 흥미롭고 필요할 수 있다. 지속적으로 일상적 이타행동을 행하는 시민들은 일상적 이타행동을 일시적 또는 간헐적으로 행하는 이들과는 차별화 될 수 있는 또 다른 속성의 집단일 수도 있기 때문이다. 이러한 관심을 기반으로 다음에서는 일상적 이타행동을 지속 및 정기적으로 행하고 있는 시민들만을 대상으로 이들의 기부규모와 기부 지속기간에 초점을 두고 이에 대한 사회적 요인의 영향력이 어떠한지를 파악해 보고자 한다. 분석을 위해 활용된 자료는 국내의 대표적 민간 자선단체 중의 한 곳인 굿네이버스의 정기기부자 자료이다. 분석을 위한 자료가 추출된 원 자료는 약 20여 년간 축적된 약 70여만 명에 대한 기부행동을 담고 있는 광범위한 자료이다. 다음의 분석에서는 기부행동 및 영향 요인에 대한 핵심정보가 결측 없이 기록되어 있는 대상자들만을 서베이 대상으로 선정한 후 무작위 추출법(random sampling)에 의해 서베이를 실행하고 이를 통해 구축한 4,363명의 정기 기부자 자료를 최종 분석 자료로 사용한다.

첫 번째 종속변수인 기부금액은 분석자료의 관측시점인 2015년

7월까지 각 기부자가 해당기관 즉 굿네이버스의 기부자로서 기부한 총 금액으로 측정하였다. 두 번째 종속변수인 기부기간 역시 각 기부자가 기부를 시작한 시점부터 해당 자료의 관측 시점인 2015년 7월까지의 기간을 월 단위로 계산하여 측정하였다. 종속변수에 대한 해석에 있어 유의할 점은 분석대상 전원이 측정 시점에서 해당 기관에 대해 기부를 중단하지 않고 지속하고 있는 기부자들로 구성되었다는 점이다. 따라서 본 분석의 종속변수인 기부금액과 기부기간은 모두 우측 절단(right-censored)의 형태를 지닌다. 즉 기부 중단자는 포함시키지 않고 지속하고 있는 이들만을 포함해서 분석한 것이다. 정기기부자로서 기부를 관측 시점까지 지속해 온 분석 대상자들에 대한 기술분석의 결과는 〈표 8〉에 제시하는 바와 같다.

분석대상의 연령은 자발적 의사결정에 의한 독립적 기부행동이 발생될 수 있는 최소 연령이라 할 수 있는 20세를 시작으로 하여 82세까지가 고르게 분포하였다. 성별의 경우 전체의 약 57%가 여성이고, 거주지역은 전체의 약 51%가 서울 지역을 포함한 광역시에 거주하였다. 혼인상태의 경우 전체의 약 46%가 현재 배우자의 유무와 상관없이 혼인 경험이 있고, 범주 방식으로 측정된 월 평균 가구 소득의 경우 월 200만 원 이상–400만 원 미만에 해당되는 범주에 속한 이들이 전체의 약 39.4%로 가장 높은 비중을 차지하였다. 그 다음이 월 400만 원 이상–600만 원 미만에 해당하는 범주였고, 이는 전체의 약 24.5%를 차지한다. 교육 수준을 보면 4년제 대학교를 졸업한 사람이 전체의 56.6%를 차지하고, 그 다음으로는 전문대학교를 졸업한 사람으로 이는 전체의 약 15.2%를 차지하였다. 종교를 살펴보면, 종교를 가지고 있는 사람이 전체의 약 54.8%를 차지하였다. 한편, 본 분석에서 초점을 맞추고 있는 지속적인 일상적 이타행동을 먼저

〈표 8〉 분석대상에 대한 주요 기술통계

구 분	주요 기술통계	
연 령	평균: 35.2세 / 표준편차: 9.4세	최소: 20세 / 최대: 82세
성 별	남성: 1,876명(43.00%)	여성: 2,487명(57.00%)
지 역	비광역시: 2,122명(48.64%)	광역시: 2,241명(51.36%)
혼 인	미혼: 2,361명(54.1%)	기혼: 2,002명(45.9%)
가구소득 (월평균)	100만 원 미만: 97명(2.2%)	600만 원−800만 원: 444명(10.2%)
	100만 원−200만 원: 674명(15.5%)	800만 원−1,000만 원: 150명(3.4%)
	200만 원−400만 원: 1,720명(39.4%)	1,000만 원 이상: 209명(4.8%)
	400만 원−600만 원: 1,069명(24.5%)	
교육수준	미취학: 2명(0.1%)	전문대학교 졸업: 665명(15.2%)
	초등학교 졸업: 9명(0.2%)	대학교 졸업: 2,468명(56.6%)
	중학교 졸업: 10명(0.2%)	대학원 석사 졸업: 606명(13.9%)
	고등학교 졸업: 486명(11.1%)	대학원 박사 졸업: 117명(2.7%)
종 교	종교 없음: 1,973명(45.2%)	가톨릭: 524명(12.01%)
	기독교(개신교): 1,239명(28.4%)	불교: 620명(14.2%)
	기타: 7명(0.2%)	
기부규모 (금액)	평균: 858,136원 / 표준편차: 869,490	최소: 0원 / 최대: 13,560,000원
기부기간	평균: 42.7개월 / 표준편차 41.8	최소: 0개월 / 최대: 279.5개월

기부규모의 측면에서 살펴보면, 굿네이버스와의 관계를 지속하는 동안 이들은 평균 약 86만 원의 금액을 기부하는 것으로 나타났다. 다음으로 관계의 유지 기간 즉 기부지속의 기간은 관찰 종료일을 기준으로 할 때 평균 약 43개월 정도인 것으로 나타났다. 분석 대상자들이 정기적으로 매월 특정 금액을 해당 단체에 기부하는 형태라는 것을 감안할 때, 분석 대상은 평균 약 3년 6개월 동안, 매월 약 2만 원 정도를 해당 단체에 기부해 온 것임을 이해할 수 있다.

다음에서는 일반 시민의 기부행동에 대한 위의 분석들과 유사하게 먼저 정기적이며 지속적으로 기부를 행해 온 시민들의 경우, 사회적 요인 특히 종교 및 교육 등의 요인이 지속적인 일상적 이타행동, 구체적으로는 기부규모 및 기부기간과 어떤 관계를 갖는지를 다중회귀분석(ordinary least squares regression, OLS)을 통해 분석한 결과이다. 지속적으로 일상적 이타행동을 행해 온 시민들의 기부규모와 기부기간에 초점을 두고 사회적 속성들과의 관계를 분석한 결과는 〈표 9〉에 제시되는 바와 같다.

먼저 지속적인 일상적 이타행동을 정기적 기부의 규모에 초점을 두어 분석한 결과, 사회적 속성들 중 종교는 통계적으로 유의미한 수준에서 기부규모에 영향을 미치는 것으로 나타났다. 지속적인 일상적

〈표 9〉 기부규모 및 기부기간에 대한 영향요인 분석결과

구분	기부규모	기부기간
	Coefficient	Coefficient
종교[1)]	53180.67*	2.964636*
교육수준	19922.91	2.335685***
성별[2)]	-42130.61	-7.495926***
거주지역[3)]	19890.07	1.237747
혼인상태[4)]	-115277***	-1.628415
월평균 가구소득	76075.99***	.180922
연령	66750.27***	4.278042***
연령2	-545.8657***	-.0348591***
※ 연령(Polinomial) 기울기 변화시점	61.141656(세)	61.361926(세)
상수항	-3.307***	-74.03384***
F-value(model)	48.11***	77.47***
R-squared	0.3812	0.4246

*** p<.001 **p<.01 *p<.05 † p<.1

1) 종교있음=1, 종교없음=0　　2) 남=1, 여=0

3) 서울포함 광역시=1, 비광역시=0　　4) 기혼=1, 미혼=0

이타행동을 행하는 시민들 중 종교가 있는 경우 그 기부규모는 종교가 없는 사람에 비해 더 컸다. 일반 기부와 마찬가지로 정기적 기부행동 역시 종교와 유의미한 관계를 지닌다고 보고하고 있는 기존의 일부 연구들(Regnerus and Smith & Sikkink, 1998; Simmons & Emanuele, 2004)과 일맥상통하는 결과이다. 이는 기부를 지속적이며 정기적으로 행하는 시민들 즉 기부의 지속성과 정기성을 담보한 시민들의 경우에도 종교는 차이를 발생시키는 요인이란 사실을 제시해 준다. 한편 기부규모에 대한 위의 분석에서는 교육수준에 의한 차이는 통계적으로 유의하지 않은 것으로 나타났다. 이는 일반 시민을 대상으로 한 "기빙코리아" 자료에 대한 분석의 결과와 유사하다. 국내의 다양한 자료에 대한 분석의 결과 교육의 영향력이 통계적 유의성을 갖지 않는다는 점에 대해서는 지속적으로 관심을 갖고 후속 연구를 통해 좀 더 세부적으로 파악될 필요가 있다.

한편 다항식(polynomial)의 관계를 설정하여 분석한 연령과 연령의 제곱은 모두 통계적으로 유의미한 관계를 갖는 것으로 나타났다. 기부를 지속적이며 정기적으로 행하는 시민들의 경우 약 61.1세 까지는 연령이 1세 증가할수록 기부규모가 정적(+)인 방향에서 증가되는 모습이나, 해당 시점 이후에는 부적(-)인 방향에서 감소되는 모습이었다. 혼인 상태의 경우 해외의 연구와는 다소 다르게 기혼상태인 경우 기부규모가 더 낮은 것으로 나타났다. 마지막으로 가구의 경제적 역량을 의미하는 가구소득은 기존의 모든 연구 결과들에서 제시되는 바와 같이 기부규모에 절대적인 영향력을 갖는 것으로 나타났다. 즉 기부를 지속적이며 정기적으로 행하는 시민들의 경우에도 가구소득은 기부규모를 결정하는 핵심 요인이었다.

다음으로 지속적인 일상적 이타행동을 기부기간에 초점을 두어 분석한 결과, 먼저 종교는 이들 시민의 기부기간에 정적인 방향에서 통계적으로 유의미한 영향을 갖는 것으로 나타났다. 종교가 있는 시민들의 경우, 기부기간은 더 길어지는 경향성을 나타냈다. 이는 종교는 일반 시민의 일상적 이타행동에 영향력을 미칠 뿐만이 아니라 기부를 지속적이며 정기적으로 행하는 시민들의 경우에도 일관적으로 그런 영향력을 지닌다는 사실을 제시해 주는 결과라 할 수 있다. 다음으로 교육수준은 위의 기부규모에 대한 분석에서와는 다르게 통계적으로 매우 유의미한 관계를 갖는 것으로 나타났다. 이는 일반 시민의 일상적 기부행동에서는 교육수준이 차이를 발생시키지 않음을 제시하는 〈표 3〉의 결과와 다른 것으로 교육수준의 영향력이 일정 시민의 일정 행동에 대해서는 유효하다는 것을 제시해 준다. 즉 지속적인 일상적 이타행동을 행하는 시민들에서만큼은 교육수준에 의한 차이가 존재한다는 것을 보여주는 결과이다. 이러한 현상 역시 지속적으로 관심을 갖고 후속 연구를 통해 좀 더 엄밀하게 파악될 필요가 있다.

위의 분석결과를 종합적으로 정리해보면, 기부규모와 기부기간과 같은 지속적인 일상적 이타행동에 일관적으로 영향을 미치는 것은 종교였다. 종교는 기부규모와 기부기간 모두의 경우에서 차이를 발생시키는 매우 중요한 요인인 것으로 파악되었다. 이는 지속적인 일상적 이타행동을 이해하는 데 있어서도 종교의 영향력을 배제할 수 없다는 사실을 인지하게 하게 한다. 종교가 일반 시민의 일상적 이타행동을 촉진하고 더 나아가 일상적 이타행동을 행하는 시민들의 경우에도 종교는 이타행동을 더 강화하는 기제란 것을 확인할 수 있다.

한편 지속적인 일상적 이타행동을 행하는 시민들의 경우 교육수준의 영향력은 기부규모와 기부기간 모두에서 일관적인 차이를 나타내지는 않았다. 기부기간에 있어서만 교육수준은 주요한 요인인 것으로 파악되었는데, 이는 경제적 역량의 영향을 크게 받지 않는 현상, 예를 들면 기부의 지속성 등과 관련해서 교육수준의 영향력이 부상하는 경향성이 있을 수 있다는 점을 생각해 보게 한다. 이에 대해서는 지속적인 분석을 통해 이해를 더욱 정교화 시키고 확장시킬 필요성이 있다. 지속적인 일상적 이타행동에 대한 종교의 영향력 그리고 교육수준의 부분적 영향력 역시도 Bowles와 Gintis(2011)의 연구에서 강조되는 이타적 행동에 대한 사회 내 제도(institution)의 영향력 시각에서 해석될 수 있다고 사료된다. 지속적으로 일상적 이타행동을 행하는 시민들의 경우에도 이타적 가치와 행동을 가르치고 심화시키는 종교가 지니는 영향력은 일관적으로 지대할 수 있고, 이타적 행동의 사회화를 가능케 할 수 있는 교육이 지니는 영향력 또한 일정 부분 존재할 수 있다는 사실을 위의 분석 결과는 제시해 준다. 향후 이들 요인의 이타적 행동에 대한 영향력을 대상과 모형의 구성을 좀 더 정교히 하며 다양한 방식으로 조망하고 검증하는 노력이 지속적으로 필요할 것으로 본다.

제4절 일반 시민의 일상적 이타행동에 대한 종합적 정리

4장에서는 일반 시민에 의한 일상적 이타행동의 양상을 이해하기 위해 아름다운재단의 “2012 기빙코리아” 자료를 활용하여 일상적 이타행동의 상징이라 할 수 있는 기부와 자원봉사행동에 초점을 두어 실증적 분석의 결과를 공유해 보았다. 더 나아가 지속적인 일상적 이타행동을 실천하는 시민들의 이타행동의 양상을 이해하기 위해 굿네이버스 정기 기부자들에 대한 서베이 자료를 활용하여 기부행동에 초점을 두어 실증적 분석의 결과를 공유해 보았다. 이러한 계량적 분석에서는 제3의 영향 요인들에 대한 다각적 통제가 매우 중요하나 이차자료분석이라는 제한성을 지니고 있어 위의 분석에서는 심리적 요인(기부동기 등) 등을 모두 포괄하는 모형에 대한 분석은 실행할 수가 없었다. 이런 제한성을 인식하면서 위의 분석에서는 일반 시민의 일상적 이타행동과 일부 시민의 지속적인 일상적 이타행동에 주목하면서 사회적 요인들과 일상적 이타행동의 관련성을 분석해 보았다.

분석결과 나눔 사회화 요인과 종교와 관련된 요인 등이 일반 시민의 일상적 이타행동상의 차이를 발생시키는 핵심 요인이란 사실을 파악할 수 있었다. 일상적 이타행동을 기부행동과 자원봉사행동에 중점을 두고 분석해 보았을 때, 어린 시절 중 행해진 나눔교육과 나눔실천과 같은 사회화 요인이 일반 시민들의 일상적 이타행동을 구별해내는 핵심 요인일 수 있음을 파악할 수 있었다. 또한 시민들 중 종교를 갖는 이들의 종교성 역시도 일상적 이타적 행동을 구별해 내는 또 다른 핵심 요인일 수 있음을 파악할 수 있었다. 이외에도 신뢰와 나눔대상인 타인과의 거리 수용도 등도 기부행동에 일정 부분 영향력을 갖는 것으로 나타났다. 이와 더불어 일상적 이타행동의 상징인 기부행동과 자원봉사행동은 상호 밀접하게 연결되어 작용하는 경향이 매우 큰 것으로 나타났다. 이는 기부행동과 자원봉사행동이 대체적 관계(substitutive relationship)보다는 보완적 관계(complementary relationship)의 속성을 갖는다는 것을 제시해 준다.

한편 지속적이며 정기적으로 기부를 행하는 시민들만을 대상으로 분석했을 때, 종교의 유무는 정기적으로 오랜 기간 기부활동을 행하는 시민들 간에서도 차이를 발생시키는 핵심 영향 요인임을 파악할 수 있었다. 교육 수준은 상대적으로 오랜 기간 정기적으로 기부활동을 행하는 시민들 중 기부기간에 대해서만 차이를 발생시키는 영향 요인인 것으로 파악되었다.

일상적 이타적 행동과 관련된 양적자료들에 대한 본 장에서의 계량적 분석의 결과는 시민의 일상적 이타적 행동은 어린 시절부터의 학습과 종교 활동을 통해 발현 및 강화되는 경향성이 있음을 시사해 준다. 특히 사회적으로 바람직한 선호가 내면화되고 더욱 강화되도록 하는 종교나 교육 등의 제도(institution)가 시민들의 일상적 이타행동상 차이를 발생시키는 핵심 요인일 수 있음을 제시해 준다. 즉 이러한 결과는 이들 제도가 인간의 일상적 이타적 행동을 발현시키고 유지 및 강화시키는데 일정부분 기여한다는 것을 나타내는 것으로 이해해 볼 수 있을 것 같다. 앞으로 시민의 일상적 이타행동과 관련해서 이러한 요인들과의 관계에 대해 주목하는 보다 세밀한 연구가 지속적으로 행해져서 일상적 이타행동의 지식 기반이 더욱 공고하게 구축될 필요성이 있다.

제5장

일반 시민의 몰입적 이타행동에 대한 질적 이해: 심리사회적 속성

제5장 일반 시민의 몰입적 이타행동에 대한 질적 이해: 심리사회적 속성

본 장에서는 일상적 이타행동이 내재화되고 심화되어 발현되는 몰입적 이타행동에 대한 이해를 제고시키기 위해 우리 사회에서 몰입적 이타행동을 실천한다고 평가되는 모범적 시민들을 대상으로 사례연구를 진행하여 이들의 특성을 기반으로 유형화를 시도한다. 본 연구의 대상은 MBC '칭찬합시다' 프로그램을 통해 추천된 대상 중 담당 프로듀서와 사회복지학과 교수의 자문을 거쳐 일상적 이타행동을 생활 속에서 몰입하여 실천하는 시민들의 특성을 잘 보여준다고 평가되는 61명의 모범적 이타성을 지닌 시민이다. 연구 참여자 선정기준은 1998년 4월 20일부터 2001년 11월 2일까지 방송된 전체 170여 명의 출연자 가운데, 첫째, 한국인이며, 둘째, 타인을 위한 이타적 행동이 현격하고, 셋째, 다른 이타적 인물 1인 이상에 의해 추천을 받은 사람이고, 넷째, 이타적 행동이 생계나 직업의 유지를 위한 수단으로 행해지지 않으며, 다섯째, 행동으로 인해 정부의 보조나 기타 공식적인 외적 보상을 받지 않는다는 기준에 부합하는 사례였다.

170여 명의 출연자는 매주 1회씩의 방송에서 이타적 업적을 가진 사람으로 추천되는 방식으로 선정 및 소개되었는데, 이러한 선정 방식은 자연스러운 눈덩이표집(snowball sampling) 방식이라 할 수 있을 것이다. 일반 시민들 중 몰입적 이타행동을 실천하는지에 대해서 쉽게 단정하기 어렵고 그에 대한 확률적 표집을 실행하는 것 자체가 대상자를 찾는 데 있어 현실성이 매우 낮은 접근이기 때문에, 이러한 눈덩이표집의 방식은 몰입적 이타행동을 실천하고 있는 시민들을 찾아내어 이들 이타주의자의 유형을 구분해 보는 연구를 위해 적절한 표집 방식이라고 판단된다.

최종적 자료 분석은 인터뷰 내용이 충분하지 않은 1명을 제외하였기에, 최종 60명의 자료를 대상으로 하였다. 자료 분석은 지속적 비교방법을 통하여 인터뷰 내용을 반복적으로 읽고 범주를 도출하는 방식을 전개되었고, 공동연구자 간의 상호 의견 교환 및 검토를 통해 최대한 인터뷰 내용이 있는 그대로 반영될 수 있도록 하였다.

제1절 몰입적 이타적 행동 관련 연구대상 시민들의 특성 및 활동 개요

연구의 대상인 몰입적 이타적 시민들의 특성, 주요 활동내용 및 유형 분류의 결과는 〈표 10〉에서 정리되는 바와 같다. 분석 대상 총 60명 중 여자가 13명, 남자가 47명으로 남자가 약 79%의 비율로 훨씬 더 많이 포함되어 있다. 연령의 평균은 47.2세였다. 연령대를 살펴보면, 20대가 1명, 30대가 11명, 40대는 26명, 50대는 15명, 60대는 7명이었다. 연령 분포에서의 집중 경향을 보면, 40~50대가 전체의 약 69%로 이 연령대가 본 사례들의 중심 연령대인 것으로 나타났다. 직업을 살펴보면, 60명 중 전문직이 18명, 장애인이나 노인을 위한 비인가 시설 운영자가 9명, 상업에 종사하는 자가 9명, 성직자가 5명, 노무직에 종사하는 사람이 5명, 농어업에 종사하는 사람이 3명, 예술가 1명, 학생 1명, 기타 9명이었다. 직업에서 기타로 분류된 사람들 중에는 전직 미화원, 주부, 고정적 직업이 없는 사람들이 포함된다. 전문직종 18명을 제외하면 건어물 장사, 중국집 주인, 호떡 장사 등 우리 주변의 보통 사람, 일반 이웃이 다수라 말 할 수 있다. 특징적인 것은 전체 분석 대상 중 장애와 관련된 이들이 15명이었다. 즉 자신이 장애를 갖고 있거나 혹은 가족 중 장애를 갖는 구성원이 있는 사람이 15명이었는데, 이들 중 8명은 장애인 시설이나 단체를 운영하며 다른 장애인들을 돌보는 일을 하고 있었다. 칭찬을 받는 활동의 수행 기간을 살펴보면, 그 범위가 1회적인 것에서부터 35년까지로 그 폭이 매우 넓었다. 1회적인 이타행동(신장기증, 수해복구)을 보인 사람이 2명, 활동기간이 5년 미만인 사람이 6명, 5~10년 동안 활동한 사람이 17명, 11~15년은 16명, 16~20년이 9명, 21~25년은 8명, 26~30년이 1명, 30~35년이 1명이었고, 중간값은 15년이었다. 활동기간의 길고 짧음에 상관없이 거의 대부분의 대상자들은 자신들이 이타적 행동을 처음 시작한 이후부터 지금까지 꾸준히 이타행동을 행해 왔고, 향후에도 이타적 행동을 행할 의지와 소망을 지니고 있었다.

이들을 인터뷰한 결과를 활용하여 분석하는 데 있어 질적 연구 방법 중 어느 특정한 연구방법의 전통에 제한되지는 않는 방식의 질적 분석을 수행하였다. 질적 연구는 다음과 같은 두 가지 측면에서 몰입적 이타행동을 실천하고 있는 이타주의자의 특성을 드러내는 데 유용한 방법이라 할 수 있다. 첫째, 질적 연구는 개인의 주관적 경험에

〈표 10〉 연구 참여자의 인적 사항과 주요 활동내용(사례에 제시된 이름은 가명임)

번호	이름	성별	연령	직업	주요 활동내용
1	권태이	남	47	성직자(목사)	장애인, 노인, 고아를 위한 시설 운영 및 후원자 연결 등의 구제사업.
2	박은타	남	46	전문직(변호사)	장애인 재활 교육 및 재활센터 운영, 생활지원.
3	박국주	남	47	전문직(의사)	무료 심장 수술, 지방을 다니며 무료 진료.
4	정규의	남	50	전문직(안과의사)	어려운 사람들에게 무료 개안 수술, 사시 수술, 무료 진료, 돈・쌀 지원.
5	신성자	남	48	장애인 시설 운영	장애인 봉사, 지원, 가족과 같이 생활, 비인가 장애인 시설 운영.
6	박권이	남	50	식당운영(중국집)	고아원, 양로원 등에 무료 급식, 불우학생 장학금 지원, 무료로 자장면 나눠줌.
7	엄정타	남	58	대한노인복지협의회 ○○ 연합회 이사장	무의탁 노인, 소년・소녀 가장 생활지원, 후원자 연결.
8	손재주	남	39	분식집 운영	복지관 지원 및 주위 어려운 사람들에게 무료로 빵 보급.
9	이명의	남	54	건어물 장사	무의탁 노인, 소년・소녀 가장 생활지원.
10	권경자	남	50	식당운영	공원에서 노인들에게 날마다 무료 급식, 독거노인 지원.
11	김성이	남	61	어부	독도지키기, 울릉도에서 어려운 이웃 생활지원, 민원, 송사중재 및 해결.
12	박명타	여	45	사회복지사 (전 수녀)	무의탁 노인 돌보기, 버려진 장애인 돌보기 및 봉사.
13	조성주	남	39	전문직(의사)	노인, 무료 진료, 병원으로 오기 힘든 거동이 어려운 환자 경우 왕진.
14	오동의	남	34	전문직(치과의사)	소록도에서 7년간 정규직 의사로 근무하면서 나환자들과 함께 생활, 무료 진료, 치아 보철 무료 치료.
15	홍현이	여	30	전문직(간호사)	소록도에서 나환자 봉사, 시간 외 진료, 생활지원 및 수발.
16	김종타	남	54	장애인 시설 운영	'○○의 전화' 회장(장애인과 자원봉사자 연결, 각종 재활/위로 사업-거동이 불가능한 장애자 여행).
17	정혜주	여	49	꽃집 운영	소년・소녀 가장 도시락 싸주기, 독거노인 무료 급식 제공.
18	서경의	여	50	농업/비인가 시설 운영	'○○의 집' 운영, 독거, 몸이 불편한 노인 수발.
19	백임자	남	34	상업(장돌뱅이)	결식아동들에게 빵 제공, 청소년, 소년・소녀 가장 학비지원.

번호	이름	성별	연령	직업	주요 활동내용
20	이태이	남	38	전문직(한의사)	장애인 지원, 결식아동 급식 및 지원사업, 불우 노인 지원, 외국인 노동자 무료 진료, 폭력(가정) 피해 주부 상담 및 무료 진료.
21	조승이	여	55	발레단	장애인을 위한 무료 공연.
22	박영타	여	47	○○대사관 문화공보실장	수양부모협회 운영, 동네 아이들에게 무료 영어 강습.
23	박순주	여	62	목욕탕 운영	고아 목욕 봉사, 양로원 봉사, 생활지원.
24	정연의	여	39	자영업	영아원 봉사, 지원.
25	백두자	남	29	대학원생 (사회복지 전공)	소년・소녀 가장 돕기를 위한 거리 노래 공연 활동과 봉사활동.
26	정두이	남	62	전문직(교수)	자선음악회(고아원, 양로원, 교도소, 교회 등 방문), 개미의 집(공부방)운영, 피아노 기증 등.
27	이영타	남	48	노무직 (보일러 기술자)	실직자, 고교 중퇴자들에게 무료로 보일러 기술 전수, 보일러 무료 설치・보수(무의탁 노인, 장애인, 아동 보호시설 대상).
28	남정주	남	63	구두 기능공	장애인들을 위한 구두제작, 시설보호 아동을 위한 구두제작, 기증.
29	박경의	남	43	전문직(의사)	환자에게 신장기증, 의료봉사.
30	김형자	남	41	전문직(의사)	무료진료, 돈 없는 노인에게 반값으로 개안수술.
31	김종이	남	46	전문직 (교수: 특수교육)	장애인 및 가족 무료 상담 및 장애인을 위한 정책 개발, 지원.
32	이타	남	40	성직자(스님)	미혼모 보호, 아동 보호 지원.
33	김영주	남	69	없음	○○의 집 자원봉사, 장애인 지원.
34	변상의	남	59	장애인 시설 운영	시설운영, 장애인 돌보기 지원 및 생활지원.
35	오학자	남	39	전문직(경찰)	독거노인, 결식아동, 소년・소녀 가장 등 소외계층 생활지원, 폐품수집.
36	김숙이	여	50	교사	○○의 전화 간사, 적십자○○ 부녀 봉사회 총무, 소외계층 지원, 후원자 연결.
37	박마타	여	46	주부	입양아 양육, 노인 생활지원, 노숙자 무료 급식.
38	박귀주	여	47	식당 운영	○○ 운영, 불우청소년 돕기.
39	박천의	남	41	성직자(목사)	외국인 노동자 상담 및 생활지원활동.
40	임득자	남	54	장애인 시설 운영	몸이 불편한 장애인 돌봄. 지원사업.
41	정창이	남	42	전문직(교수)	'○○의 울타리'에서 100여 명의 노숙자, 노인, 장애인 돌봄.

번호	이름	성별	연령	직업	주요 활동내용
42	정상타	남	41	시설 운영	전신마비 장애인이지만, '○○의 집'에서 장애인 돌봄.
43	정병주	남	45	성직자(스님)	노인(△△사 양로원 운영).
44	장점의	남	35	직업군인	식당봉사, 놀이봉사, 목욕봉사.
45	김화자	남	62	퇴직(전직 환경미화원)	장애인, 노인 생활지원 및 봉사활동.
46	정미이	여	34	비인가 시설 운영	버려진 장애아동 돌봄, 생활지원.
47	엄상타	남	43	전문직(한의사)	무료 진료, 장학금 지급, 법인체 운영(장학회).
48	김상주	남	48	전문직(한의사)	장애인 무료 진료, 모자세대 장학금 지원, 장애자 봉사단체 자금 지원, 결식아동 급식, 무료 영화 상영, 직접 봉사, 교통편의 제공, 결혼상담 등.
49	안승의	남	53	농업(이장)	수해복구 봉사활동, 생활지원사업.
50	송윤자	여	50	주부/대학생 (사회복지)	장애인, 노인 봉사, 생활지원.
51	박기이	남	62	한국 신체 장애인 복지회 지부장	장애인 및 독거노인들 대상으로 야채 나누어주기, 무료 급식, 비인가 시설에 물품 공급 등 생활지원, 달동네 공부방 운영.
52	김갑타	남	42	재활○○이사장, ○○산업대표, 자활후견 기관장	장애인, 아동을 위한 각종 사업 및 생활지원.
53	박지주	남	48	기능직 공무원	삼풍백화점 붕괴 시 인명구조활동, 홍수 등 재난 시 봉사활동, 노인 등 어려운 이웃 생활지원 등.
54	김송의	남	39	선교사	문서 선교(선교지 발행으로 장애인, 교도소, 군부대, 병원 등에 복음전파).
55	김이타	남	50	환경미화원	공원 무료 급식소에 가서 매일 배식 봉사.
56	황호주	남	45	상업(호떡 장사)	고아원, 양로원 등에 호떡, 음료, 의류 등 생활지원.
57	이종의	남	59	구두 수선공	소년·소녀 가장 돕기, 양로원 돕기.
58	김종자	남	40	소방 공무원	장애인 공동체 시설 방문봉사, 소년·소녀 가장 지원.
59	김철이	남	48	○○구단 감독	고아원, 장애인 시설 지원.
60	손인주	남	45	전문직(치과의사)	의료봉사활동, 무료 진료.

대한 자료에 근거하기 때문에, 양적 연구로는 파악하기 어려운 개인의 내밀한 심리적 과정 및 사회적 상호작용을 보다 효과적으로 포착하는 데 유익할 수 있다. 이타행동에 대한 제 학문별 접근에서 살펴본 바와 같이 진화생물학적 접근에서는 이타적 행동의 적합도에 초점을 두어 행동적 측면에 주목하는 반면(김준홍, 2015; Dawkins, 2006; Kerr, Godfrey-Smith & Feldman, 2004), 심리사회적 접근에서는 이타적 행동 이면의 작동 기제 측면을 이해하는 것이 매우 중요함을 강조한다. 동일한 이타적 행동이라도 개인의 동기나 그를 둘러싼 사회적 상황에 따라 서로 다른 경험으로 분류될 수도 있기 때문에 이타적 행동 이면의 심리사회적 이해 역시도 매우 중요하다고 볼 수 있다. 특히 심리사회적 측면에서의 심층적 이해에 기반한 유형화 노력은 이타적 행동에 대한 이해 기반을 다각적으로 구축해 나가는 데 매우 의미 있는 접근 방식이 될 수 있다. 둘째, 질적 연구방법(조용환, 2008)은 복잡하고 미묘한 사회적 관계나 상징적 상호작용을 심층적으로 탐구할 때 유용한 방법인데, 이를 통해 어떤 동기와 사회적 상황 간의 상호작용에 의해 발생될 수 있는 다양한 모습의 이타적 행동을 이해하는 데 매우 적절한 접근 방식일 수 있다. 특히 몰입적 이타행동과 같이 상대적으로 보다 드문 사회현상에 대해 연구할 때 양적 연구의 확률적 표집 및 통계적 분석 방법은 이해의 폭과 깊이를 확보해 나가는 데 많은 제한성을 갖는다. 따라서 이러한 경우에는 몰입적 이타행동으로 간주될 수 있는 사례들에만 주목하면서 이런 사례들을 대상으로 보다 깊이 있고 포괄적인 접근이 가능한 질적 연구가 더욱 적절한 접근 방법으로 선택될 수 있다(신경림, 조명옥, 양진향, 2004).

따라서 본 다음에서는 우리 사회에서 몰입적 이타행동을 실천하고 있는 대표적 시민들의 유형을 파악해 나가기 위해 다음과 같은 방식의 접근을 실행하였다. 먼저, 각 사례의 이타적 행동의 특성과 양상 그리고 인터뷰에서 언급되는 진술문을 종합한 귀납적 형태의 분석에 의해 여섯 유형을 도출[1]하였다. 두 번째, 이타적 행동의 이해를 위한 기본 틀을 구성하기 위해 선행연구에서 이타적 행동과 관련이 있는 것으로 확인된 이타적 행동의 특성 요인 및 구성 범주를 정리해 보았다. 이러한 기본 분석틀을 토대로 도출된 유형의 특성을 제시해 보았다. 세 번째, 각 유형의 특성에 대해 구체적으로 살피고 이를 적절하게 드러내는 진술문을 제시하였다. 마지막으로 유형 분석결과를 종합하여 기존에 논의되어져 온 일상적 이타행동을 실천하는 시민들과는 다소의 차별성을 지니고 있는 몰입적 이타행동을 보이는 시민들(이타주의자)의 특성을 서술하며 개념적 이해의 심화를 도모해 보았다.

제2절 일반 시민의 몰입적 이타행동 분류 및 특성: 이타주의자의 유형분석

본 분석의 대상자인 60명 시민들의 사례에 대한 유형화를 시도한 결과, 몰입적 이타행동을 실천하고 있는 이타주의자들은 사회적 책임형, 진보 정치형, 감정 공감형, 경험적 연대형, 의분형, 습관적 수행형 등의 여섯 유형으로 분류될 수 있는 것으로 파악되었다. 도출된 여섯 유형과 관련해서는 선행연구에서 이타적 행동과 연관성이 높다고 논의하고 있는 이타적인 시민들의 특성 요인 및 관련 범주들을 정리하

1) 이 분석결과는 선행연구인 이지연(2003)의 기준에 의해 분류하였다.

면서 기본적인 분석의 틀을 제시하였다. 이지연(2003)은 이타주의와 관련된 특성은 크게 '성격 요인', '심리적 요인', '유지 요인', '관계적 요인'으로 구분해 볼 수 있음을 논의하는데, 본 연구 역시 〈표 11〉에서 제시되는 바와 같이 이들 요인을 기반으로 분석을 진행하였다.

먼저, 심리사회적 요인의 하나인 '성격 요인'에서는 지속성과 끈기, 자기효능감과 같은 성격과 관련된 특성(Rushton & Sorrentino, 1981)이 매우 중요한 속성인 것으로 논의되는바, 이러한 범주를 중심으로 살피었다. 몰입적 이타행동은 개인의 성격적 특성에 의해서도 비롯될 수 있는데, 특히 안정적이고 지속적인 이타적 행동의 경우 성격적 특성이 중요한 기반으로 작용할 수 있는 것으로 논의된다.

둘째, 이타적 행동의 기저에는 다양한 심리적 요인들이 작용하는 것으로 논의되는바, 이를 중심으로 살피었다. 공감(Hoffman, 1981), 사회적 조망수용능력(Chamers & Townsend, 1990; Eigenberg, 1986), 자신을 이타적인 사람이라고 정의하는 자기 도식(Baron & Byrne, 1991; Kosek, 1995; Moorman & Blakely, 1995), 정치적 진보성(Mussen, 1982), 대상과의 유사성이나 일체감(Batson, 1991; Cialdini, Schller, Houlohan, Arps, Fultz & Eaman, 1987), 사회적 책임감, 형평 또는 정의에 대한 의식, 상호 호혜성에 기반한 규범(Maruyama, Fraser, & Miller, 1982), 도덕적 추론(Eisenberg, 1982) 등의 범주가 몰입적 이타행동의 기반으로 작용할 수 있는 것으로 논의된다.

셋째, 이타적 행동은 시간이 지남에 따라 강화되는 경향이 크고, 장기간에 걸쳐서 지속되는 것으로도 논의되는바, 유지 요인에도 초점을 두어 살피었다. 내적 강화(Piliavin, Callero, & Evans, 1982)와 종교(김연진, 1993; Amato, 1990)가 몰입적 이타행동이 유지되게 작용할 수 있는 것으로 논의된다.

〈표 11〉 이타적 행동과 관련된 심리사회적 핵심 요인과 범주

심리사회적 요인	범주	특성 설명
성격 요인	지속성과 끈기	Rushton과 Sorrentino(1981)가 지적했듯이 이타적 성격의 내용으로 꼽을 수 있는 것은 통합감, 높은 자아 강도, 어떠한 상황에도 흔들림 없는 일관성과 독립성, 지속성, 높은 자아통제감, 그리고 끈기, 유혹에 대한 저항 등이다.
	자기 효능감	Rushton과 Sorrentino(1981)는 이타적 성격을 가진 사람들이 자신이 효과적으로 남을 잘 도울 수 있을 것이라는 믿음이나 확신을 갖고 이타적 행동을 수행한다고 제안하였다.
심리적 (인지, 정서적) 요인	공감	Hoffman(1981)에 따르면, 이타적 행동을 실천하는 사람들에게 다른 사람의 정서적 상태를 함께 경험하는 공감 능력이 두드러졌으며, 타인의 고통이나 긍정적 정서뿐만 아니라 부당함에 대한 분노도 경험하는 것으로 나타났다.
	조망수용	타인의 생각과 감정 등을 이해하는 사회적 조망수용능력은 이타적 행동을 가능하게 한다(Chalmers & Townsend, 1990; Eisenberg, 1986).
심리적 (인지, 정서적) 요인	자기 도식	이타적 행동의 동기를 상황이 아닌 자신에게 귀인을 하고 스스로 이타적이라고 생각하는 사람들은 실제로 이타적 행동을 할 가능성이 높다(Baron & Byrne, 1991; Kosek, 1995; Moorman & Blakely, 1995).
	정치적 입장	Mussen(1982)는 정치적 진보주의가 친사회적 행동 성향과 관련이 있는 것으로 주장하였다.
	유사성	자신과 유사함을 느끼거나 타인과의 지각된 일체감이 도움행동을 증가시키는 것으로 나타났다(Batson, 1991; Cialdini, Schller, Houlohan, Arps, Fultz & Eaman, 1987).
	규범	개인의 책임 의식이 친사회적 행동에 영향을 미치는 것으로 나타났다(Maruyama, Fraser & Miller, 1982).
	도덕적 추론	이타적 행동은 갈등 상황에서 자신의 행동을 도덕적으로 어떻게 판단하는가와 밀접한 관련이 있다(Eisenberg, 1982).
유지 요인	내적 강화	도움행동이 좋고 바람직한 것이라는 내적 강화와 자기 보상은 지속적이고 장기간에 걸친 도움행동을 유지하게 하는 변인이다(Piliavin, Callero & Evans, 1982).
	종교	종교는 지속적이고 장기간에 걸친 도움행동을 유지하게 하는 변인이다(김연진, 1993; Amato, 1990).
관계적 요인	중요한 대상과의 모델링/동일시	주로 부모의 이타적 행동을 모방하거나 타인의 이타적 행동 수행과정을 관찰하며 일련의 기대를 습득하고 예측한다(Krebs, 1970; Mussen & Eisenberg-Berg, 1977; Oliner & Oliner, 1988).
	부모와의 친밀한 유대감	권위가 있는 자유로운 환경에서 성장하거나 부모와의 안정적인 애착이 형성된 아동이 보다 친사회적 성향을 보이는 것으로 나타났다(Janssens & Dekovic, 1997; Sharabany, 1984).
	경제적 박탈 경험과 양육자의 긍정적 관심	좌절 및 물질적 박탈 경험과 따뜻하고 애정이 있는 관계 경험이 결합할 때 이타성이 증가하는 것으로 나타났다(Sharabany, 1984; Yinon, 1979).

이러한 요인들 이외에도 관계 경험 또한 이타적 행동에 영향을 미치는 것으로 논의되는바, '관계적 요인'에도 초점을 두어 살피었다. 주로 부모와 같은 중요 대상과의 관계에서의 모델링/동일시(Krebs, 1970; Mussen & Eisenberg-Berg, 1977; Oliner & Oliner, 1988), 부모와의 친밀한 유대감(Janssens & Dekovic, 1997; Sharabany, 1984), 좌절이나 경제적 박탈 경험과 긍정적 관심의 결합(Sharabany, 1984; Yinon, 1979)이 몰입적 이타행동이 발현되는 데 크게 기여할 수 있는 것으로 논의된다.

위의 분석틀에 제시된 요인 및 범주에 기초할 때, 몰입적으로 이타적 행동을 실천하는 시민들의 특성은 상호 구분되는 집단으로 유형화될 수 있는 것으로 나타났다. 각 유형에 속한 사례들에서 공통적으로 발견되는 몰입적 이타행동의 주요 내용 및 각 범주 특성들과의 관련성을 유형별로 정리해보면, 〈표 12〉와 같다.

첫째, 사회적 책임형의 경우 몰입적 이타행동은 도덕적이고 규범적 차원에 근거하는 경향이 컸다. 규범 중에서도 특히 사회적 책임감과 관련된 진술이 두드러지게 나타났으며, 이타적 행동과 관계된 긍정 정서와 자기-처벌적 정서가 몰입적 이타행동을 지속적으로 수행하도록 하는 데 영향을 미치는 것으로 파악되었다. 둘째, 진보 정치형은 노동운동, 시민운동 등 시대적인 상황에 의해 특별하게 전개된 사회적 사건들을 거치면서 진보적 정치관을 내재화하면서 사회적 약자를 자신과 관련이 없는 외집단이 아닌 내집단으로 수용하며 몰입적 이타행동을 행하는 경향이 컸다. 셋째, 사회적 책임형이나 진보 정치형이 이념적이고 도덕적인 차원에서 비롯되어 몰입적 이타행동을 보이는 것과는 달리, 감정 공감형의 경우에는 정서적 차원에서 몰입적 이타행동이 촉발케 되어 자신과 관계가 없는 타인의 입장에 대해서 사회

〈표 12〉 각 범주에 기반한 유형별 특성 분석결과

유형	사례	주요 진술 및 행동	심리사회적 요인 특성 범주			
			성격 요인	심리 (인지・정서) 요인	유지 요인	관계적 요인
사회적 책임형	4, 13, 14, 18, 22, 26, 29, 30, 43, 47, 48, 49, 59, 60	'가진 자로서 마땅히 해야할 일', '실천해 옮겨야 마땅'하고 '마땅히 자신이 해야 할 일'이나 '도리'로 여김.		규범, 도덕적 추론	내적 강화	
진보 정치형	1, 3, 25, 32, 38, 39	노동운동, 시민운동, 데모 경험, '난쟁이가 쏘아 올린 작은 공', '사회적 약자', '노동의 가치', '마이너 집단'에 대한 이해와 조력 등을 주로 이야기하면서 혼자 잘 먹고 잘 사는 것이 아니라 더불어 잘 살아가는 것을 꾀함.		정치적 입장, 유사성		
감정 공감형	6, 10, 15, 23, 24, 28, 35, 50, 57	'그들의 아픔이 곧 내 아픔'으로 마치 감전되듯이 타인과 동일한 정서를 느끼는 정서적 감염이 생기고 안타깝고 측은함.		공감, 조망수용		
경험적 연대형	2, 5, 8, 12, 16, 17, 42, 56	삶의 경험과 관련되어 이타행동이 나오는 것으로 보임. '내 가족처럼', '내가 먹여살려야 할 식솔', '내 몸처럼' 타인을 연결된 대상으로 지각함.		공감, 유사성		모델링
의분형	9, 11, 19, 20, 31, 37, 41, 46, 53	억울한 일을 당한 사람을 대신해 법률적 문제를 해결할 수 있는 중재역할을 나서서 하는 등 남의 불행을 자신의 불행으로 느껴서 그 대상이 부당하게 대접받을 경우 함께 분노하고, 의분, 의협심을 느낌.		공감, 자기도식, 규범		
습관적 수행형	7, 21, 27, 33, 34, 36, 40, 51, 52, 55, 58	습관, 양치질, 마약중독, 미쳐서 하게 됨. 단회적 행동에 그치는 것이 아니라 다른 이타적 행위를 연결해서 수행함.	지속성과 끈기, 자기 효능감			

적 조망을 취하거나 공감적 고통을 경험하는 경향이 컸다. 이들은 공감에 기반하여 타인을 돕는 몰입적 이타행동을 보이는 것으로 나타났다. 넷째, 경험적 연대형 역시 정서적인 차원에서 타인의 고통에 대

한 공감을 바탕으로 몰입적 이타행동을 행하긴 하나 다소 차이가 존재하는 것으로 나타났는데, 이는 바로 자신과 유사한 경험을 하였거나 일체감이 느껴지는 대상에 한정하여 몰입적 이타행동을 발현하는 경향이 컸다는 점이다. 즉 감정 공감형과 공감의 범위에 차이가 존재하는 것으로 나타났다. 이 유형 중 일부는 개인적으로 고통 받는 경험이 있었을 뿐만 아니라 고통을 받던 시절에 누군가가 베풀어 주는 보살핌을 받았던 경험이 이후 몰입적 이타행동이 발현케 되는 데 영향을 준 것으로 나타났다. 다섯째, 의분형은 다양한 규범 중 특히 형평(equity)이나 정의(justice)의 의식이 강해 이와 어긋나는 상황을 마주했을 때 상대의 입장에 서서 공감적 고통을 느끼고 분노하고 의협심을 갖게 된 결과 몰입적 이타행동을 행하는 경향이 컸다. 감정 공감형이나 경험적 연대형과 마찬가지로 타인의 입장에 대한 공감이 작동하는 것은 유사하지만, 몰입적 이타행동이 촉발되는 상황이 특징적이고, 이 때 경험하는 정서 역시 '안타까움', '불쌍함', '측은함'이 아닌 '화', '분노', '불의를 보면 참을 수 없는 기분이 들음'과 같이 다소 차별화된 정서적 특성을 지니는 것으로 나타났다. 아울러 이들은 스스로를 이타적인 사람으로 규정하는 자기 도식도 지니고 있어 이에 부합하는 행동을 선택하게 되는 것으로 파악된다. 마지막으로 습관적 수행형은 몰입적 이타행동을 수행해 나가면서 효능감을 경험하며, 상황의 어려움에도 불구하고 끈기를 발휘하고 지속적으로 몰입적 이타행동을 강화해 나가는 경향이 컸다. 다른 유형들이 도움을 받는 대상의 상황적 특성에 의해 몰입적 이타행동을 보이는 것과 달리, 이들 습관적 수행형이 보이는 지속성과 끈기, 자기효능감의 특성은 안정적인 성격적 특성과도 연동되어 작용하는 경향이 있었다.

다음에서는 각 유형별로 핵심적 내용을 기술하면서 적절한 인용문을 제시하는 방식으로 각 유형의 핵심적 속성을 부각시키며 유형에 대한 이해를 보다 상세히 구축해 보고자 한다.

1. 사회적 책임형

사회적 책임형은 연구 참여자 중 가장 다수가 포함된 유형으로, 전체 대상자 중 약 4분의 1이 이 유형에 속하는 것으로 파악되었다. 비교적 다양한 세대에 걸쳐 이 유형이 포진해 있는 것으로 나타나는데, 그 중에서도 40대의 비율이 약 57% 정도로 가장 높은 비율을 차지하였다. 이 유형에 속한 이들은 자신의 몰입적 이타행동에 대해 "의무"이자 "당연한" 일이며, "누구나 해야 할" 일이자 일종의 "도리"라고 규정하였다. 즉, 이들의 몰입적 이타행동은 도덕적이고 규범적 차원에 근거하는 경향이 컸다.

de Posada와 Vargas-Trujillo(2015)의 메타 연구는 다양한 표본들에 대한 분석을 통해 도덕적 발달 수준은 이타주의에 영향을 미친다는 일반적 경향성을 보고하고 있는데, 본 연구에서도 유사한 경향성이 파악되었다. 즉 사회적 책임형에 속한 참여자들은 몰입적 이타행동을 하는 것을 당위적인 것으로 보는 경향성이 컸고, 그 근저에는 사회적 책임의식이 존재하는 것으로 나타났다. 이들은 조금이나마 "가진 사람의 의무"에 대해 고민하는 경향이 컸고, "내가 남긴 만큼 다른 사람이 못 먹는다"는 의식 또한 분명했다. 이들은 몰입적 이타행동의 수행을 대인관계에서의 인정이나 자기중심적 욕구 만족과 같은 개인적 차원의 문제로 바라보는 것이 아니라 사회 계약적 의무, 평등한 삶의 권리에 대한 신념 등과 같이 사회적 차원에서 자신의 행동을 타당화 하는 경향이 큰 것으로 나타났다. 관련 진술문들을 고려할 때, 사회적 책임형의 도덕적 추론은 Kohlberg(1981)의 도덕 발달 수준 중 5단계와 6단계에 해당하는 사회계약의 지향과 보편 윤리적 원리의 지향에 위치하는 것으로 이해해 볼 수 있다.

우리가 도와줄 때는.... 그거는 당연지사죠. 그거 도와주는 거는 의무라고 생각을 합니다. 그거는 내가 넘쳐나서 하는 도움이 아니고, 그거는 당연한 거죠. 누구나 해야 될 일이죠. 그러니까 사회에서도 그렇게 생각해야 되요. 자기가 잘 살면 당연히 의무적으로 도와줘야죠.

—30대 남성

내가 동네 이장을 봤으니까 그렇게 했지만.. "아 이거 이렇게 하면 우리 도리가 아니지 않냐? 이거 합시다!" … "우리도 도움을 많이 받고 했는데, 이거 한번 해야 되지 않겠느냐" … "우리 그냥 있어서는 안 되겠다. 이건 그냥 지나가면 주위 사람들한테.. 외지 사람들.. 욕을 먹으니까 이거 해야겠다… 내가 그러니까", "아, 이장님 그럼 한번 가보자"고 그래서 세 사람이 갔지.

—50대 남성

남을 돕는다 이런 것이 내가 잘나서 돕는다기보다는 당연히 해야 하는 거지. 가진 자의 입장에서 안 가진 자, 소외된 자, 권리가 없는 사람한테 줘야 되는 거 아닌가 라고 생각해요. 가진 사람의 의무라고 생각도 하고, 그게 좋은 일이다 하는 인식이 내 마음 속에 있기 때문에 당연히 그래야 한다.

—40대 남성

쓰레기도 많이 남기면 안 되는구나, 환경도 보존을 해야 되는구나, 또 음식 먹고 반찬을 그만큼 남기면 쓸데없이 다른 사람이 더 고생을 해야 하고, 내가 남긴 만큼 다른 사람이 못 먹는구나, 어.... 그리고 실제로 환자들이 수

술시기를 놓쳐서 수술을 못 받고 억울하게 죽어가는 사람도 있으니까 내가 기회가 되면 아 이렇게라도 도와줘야 하겠구나 하는 그런 책임감이...

—40대 남성

이 유형의 경우 제시되었듯이 몰입적 이타행동을 바라보는 관점이 사회적 책임의 차원에 기반한 경향성을 강하게 갖는데, 그러한 책임적 행동은 외부적 요소가 아닌 자기 자신으로부터 발현되는 양상이 큰 것으로 파악되었다. 이들에게 있어 사회적 책임감은 타인에 의해 동기화되고 발현되는 것이 아니라, 도덕적 가치의 내면화에 의해 작동되는 것으로 나타났다. 자신들의 몰입적 이타행동은 "내가 살아가는 길"이자 자신이 스스로 세운 "내 인생의 지표"에 따라 수행되는 것이기에 다른 누군가에 의한 그리고 누군가를 위한 것이 아닌 "나를 위해 하는 일"로 간주되었다. 그렇기에 이들은 몰입적 이타행동을 수행한 결과를 "만족"과 "즐거움"으로 표현하였다. 이러한 양상은 혈액기부나 사회적 소비와 같은 행동 이후에 긍정적 정서를 경험한다는 선행연구의 결과와 같은 맥락의 것이라고 해석된다(Akinin et al., 2013; Aknin, Broesch, Hamlin, & Van de Vondervoort, 2015; Ferguson, Farrell, & Lawrence, 2008; Lemmens et al., 2005).

한편, 사회적 책임형은 내면화된 도덕성에 기반하여 몰입적 이타행동을 작동시키기 때문에 스스로가 이타적 행동을 하지 못했을 때의 처벌 역시 내면으로부터 발생되는 경향이 큰 것으로 나타났다. 이들은 이타적 행동을 수행하지 않았을 때 "죄를 짓는 기분", "용납이 안 되는 느낌"을 경험하는 경향이 크기 때문에 이러한 자기-처벌적 정서를 경험하지 않기 위해서라도 행동이 요구되는 상황에서 이타적 행동을 할 가능성이 높은 것으로 이해된다. 즉 이들은 특정한 정서 경험

자체를 목적으로 몰입적 이타행동을 하는 것은 아니지만, 결과적으로 이들은 몰입적 이타행동을 하였을 때 수반되는 긍정적 정서나 행동하지 않았을 때 경험하는 부정적 정서가 몰입적 이타행동을 유지 및 강화시키는 그런 작용의 경향성을 갖는 것으로 이해된다.

내가 해야 할 일을 하는 건데 느끼고 말구 뭐가 있겠소. 너무 간단하지... 내가 해야 할 일인데 뭐...

— 30대 남성

저는 남을 돕는다고 생각 안 해요. 그거는 도와주는 것이 아니에요. 나를 위해서 하는 거지. 마지막 효과가 어디로 가는가요? 나한테로 오잖아요. 그렇잖아요? 그래서 나는 남을 돕는다고 생각 안 해요. 저 사람으로 인해서 내 즐거움을 만들어 낸다고 생각을 하지.

— 50대 여성

어떤 특별한 생각 없어요. 그냥 내가 살아가는 길이라고 생각하니까.. 내 어릴 때부터 그런 생각을 가져 왔고, 이게 뭐하는 것이든 내 만족이고, 내가 살아가며 행하는 하나의 생활의 일부라고 생각을 하니까 하는 거지 뭐.. 그거 내가 생색을 낸다든지 뭐 그런 거는 없어.. 내가 그런 삶을 살려고 내 인생에 그런 지표를 세웠기 때문에...

— 40대 남성

하루에 책을 읽지 않으면 가시가 돋친다는 말처럼 제가 생각할 때는 봉사라고 생각하기보다 내가 누군가를 위해서 마땅히 해야 하는 일이죠.. 안 한다면, 죄를 짓는 것과 같다는 생각이 들어요.

— 40대 여성

지하철에서 장애자가 지나간다거나 그러면 그냥 못 지나가겠어요. 그 휠체어를 밀어 준다거나 같이... 좀 늦더라도... 그래서 절대로 그냥 못 지나가요. 금전이면 금전, 돈이 없으면 그냥 휠체어라도 밀어 주는.... 마땅히 하고 지나가야 돼요. 근데 그런 분들을 보면 절대로, 그냥 모르는 척은 용납이 안 돼요.

—40대 남성

2. 진보 정치형

진보 정치형은 사회적 책임형과 마찬가지로 심리사회적 관점에서 몰입적 이타행동의 가치를 심화시키는 특징을 갖는다. '난쟁이가 쏘아 올린 작은 공', '사회적 약자', '노동의 가치', '비주류 집단', '가난하고 병들고 외로운 삶을 살아가는 사람들'에 대한 이해와 조력의 필요성 등을 견지하면서 혼자 잘 먹고 잘 사는 것은 사회구성원으로서의 도리가 아니고 더불어 잘 살아가는 삶을 견지하는 것이 절대적으로 필요한 덕목임을 강조하는 진보적 사회 지향의 특성을 보인다.

사회적 진보주의는 자신의 이익보다는 타인의 이익에 관심을 두면서 약자의 복지 증진을 위해 사회정치적 구조 변화를 지지하는 입장을 갖고 이러한 입장은 근본적으로는 친사회적 행동 경향성과 깊은 연관성이 있다고 설명하고 있는데(Mussen, 1982), 진보 정치형에서 그런 경향성을 찾을 수 있다. 관련된 실험연구의 결과(이진용, 이유나, 정윤재, 2015)도 진보 정치형의 행동적 속성을 흥미롭게 제시해 준다. 즉 보수적 정치 성향을 가진 집단에서는 수혜자와의 심리적 거리가 가까울수록 기부 의사가 증가하는 것과는 달리 진보적인 정치 성향을 가진 집단의 경우 기부 의사는 수혜자와의 심리적 거리와 관련이 없는 것으로 나타나는데. 이는 진보적인 성향을 가질수록 개인적인 관계 및 심리적 거리에 의해 동기화되기보다는 사회구조에 대한 지향에 의해 동기화되어 몰입적 이타행동을 보이는 경향성이 크기 때문이다. 이처럼 진보 정치형에 속한 이들의 몰입적 이타행동은 평등한 삶 등을 지향하며 사회를 구조적으로 변화시키고자 하는 개혁 의식에 근거하는 속성이 컸다.

제가 학교, 저기 신학대학을 다니면서 사회의식을 갖게 되고 사회문제에 관심을 가졌는데, 초기에는 사회복지 문제에 관심을 가졌어요. 사회 변혁 이런 거 보다는 사회복지 문제에 관심을 가지다가, 점점 깊이 들어가다 보니까, 이거는 복지 가지고는 안 된다. 사회개혁, 사회변혁 이런 걸 해야 된다고 생각하게 되었어요. 그래서 더 깊이 뛰어 들었어요. 그리고는 결국 대학원에 들어왔는데, 대학원에 들어와서도 데모하고 돌아다니고 그랬죠. 그러면서 여름방학이 됐는데, 그 당시에는 공장에 들어가서 일하고 이런 거는 굉장히 위험스러웠어요. 그래서 위장 취업, 뭐 이랬죠. 여하튼 전 공장에 가서 일을 했어요. 공장에서 일을 하면서 노동자들을 위한 삶, 노동자들과 함께 하는 삶을 살아야 되겠다 그런 생각을 했고... 그 당시에는 노동자 교회라고 있었어요. 그래서 나는 앞으로 학교를 다 마치면 노동자 교회를 하겠다고 생각했어요. 학교를 다 무사히 졸업을 했고... 여하튼 그 당시에 시대 상황이 그러니까, 데모를 많이 하고 다니고 뭐 그런 상황이었으니까...

— 40대 남성

사회에서 나 혼자 잘 먹고 잘 살아서는 안 된다. 소외계층이나 몸이 좀 힘든 사람도 더불어서 살아가는 사회로 가야 되는구나 하는 이런 인식들에 눈을 뜨면서. 그런 사회 소외 계층, 마이너 집단에 대한 그런 책들.... 조세희가 쓴 '난쟁이가 쏘아 올린 작은 공' 이런 것들이 그 때 유행이었어요. 그런 인식들이 책들과 여러 가지 상황 중... 여하튼 이런 세상도 있구나 하는 인식이 떠진 거죠.

— 40대 남성

자본주의사회에서 퇴보한 힘없고 가난하고 병들고 외로운 삶을 살아가는 사람들한테 내 이름 석자가 그들한테 힘과 용기가 되는 그런 사람이었으면 좋겠다… 자본주의사회에서 낙오된 많은 사람들이 있는 한, 제가 죽기 전에 정말 이 사회와 역사와 민족을 위해서 제가 할 일이 바로 그런 일 같아요.

— 20대 남성

이 유형에 속하는 시민들을 보면 사회복지학을 전공하는 20대 1명을 제외하고는 모두 자료가 구축된 관찰 시점에 40대에 속하는 것으로 나타났다. 다른 유형과는 달리 학창 시절 중 격변의 시기를 거치면서 노동운동을 경험하게 되고 시민운동을 해 온 경험이 있다는 점이 일반적 특징이라 할 수 있다. 특히 네 가지 사례(사례 3, 사례 25, 사례 38, 사례 39)에서 이러한 삶의 궤적이 뚜렷하게 드러남을 관찰할 수 있었다. 이들은 1960년 전후에 출생한 세대로서 청년기에 급속한 산업화 및 군사 정권 하에서의 불평등하고 부조리한 사회적 상황을 경험하고 제도적 모순을 체험하게 되면서 이에 대해 비판적 시각을 발달시키는 속성을 공유하는 것으로 나타났다. 이러한 유형에 속한 이들은 자신이 느끼는 문제점을 단지 비판만 하는 수준에 멈추는 것이 아니라 현재의 바람직하지 않은 흐름에 대한 저항의 일환으로 이웃을 솔선수범하며 돕는 행동을 지속적으로 실행한다는 점이다. 본인이 확고하게 지니는 가치관과 철학에 맞지 않는 사회현상과 마주치게 될 때 더 나아가서 그로 인해 어려움을 겪게 되는 사람들을 발견하게 될 때, 자신의 이익과 전혀 관계없이 타인에게 도움을 제공하고 어려움의 원인이 되는 구조에 도전하는 행동을 한다는 특징을 갖는다. 이들은 개인적으로 '불이익을 당하는' 등의 상황에서도 사회적 약자의 위치에 함께 서며 약자들에게 도움을 제공하는 행동을 하는데, 그러한 행동의 배경에는 연대감이 존재하는 것으로 파악되었다. 남의 일이 아니라는 것 더 나아가서 우리 모두의 일이라는 연대감이 씨앗이 되어 '남의 일'로 여겨질 수 있는 것에도 외면하지 않고 몰입적 이타행동을 촉발시켜 나갔다. 이들에게 있어 사회적 약자와 연대하며 이들의 삶 속으로 파고 들어가는 경험 그 자체가 타인의 상황에 대한 조망과 불평등에 대한 감수성을 높이고 사회적 약자를 외집단이 아닌 내집단으로 포용하는 동인으로 작용한 것으로 해석된다. 진화심리학에 따르면 내집단으로 간주할수록 돕는 행동이 발현될 가능성이 더 높다고 설명한다(Bowles & Gintis, 2004). 그리고 심리학적 연구에서는 수혜자와의 심리적 거리가 가까울수록 개인들은 상대방을 자신과 가까운 집단으로 지각하며 협력 및 이타적 행동의 가능성을 제고시킬 수 있음을 논의하는데(Batson, 1998; Bernhard et al., 2006), 사회 진보형에 속한 이들은 사회에 대한 지향에 기반해서 주변의 이웃들에 대해 심리적 거리를 좁히면서 몰입적 이타행동의 의지를 스스로 북돋는 경향이 큰 것으로 나타났다.

> 농촌에서 섬유공장을 다녔는데, 너무 그냥 천대받으면서 그런 생활을 했을 때... 정말 남의 일에 많이 끼어들어서 싸웠던 기억이 나네요. 그러니까 노동에 대한 그런 어떤 힘듦 그런 것도 그런 거지만, 인간적인 대우를 안 해줬을 때 엄청 그 일로 싸움을 하고.... 난 어떤 그런 거 때문에 불이익을 당하는 일이 평상시 참 많았었던 거 같아요.
>
> —40대 여성

> 산업전선에 뛰어 들어 어느 정도 동생들의 생활이 마무리 정리가 되고

나서는 내가 농민운동을 했거든요. 그때는 농민들도 정말 너무너무 피와 땀의 대가가 너무 없었어요. 정말 농산물을 이거 하나라도 팔려고 하면 중간 상인한테 '사쇼! 사쇼!'해가면서 사정하면서 팔고 그랬는데, 이런 것들을 봤을 때, '제값받기 운동', 농산물 제값 받기 운동 그런 거에 내가 참여하는 일을 피할 수 없었어요. 그러다가 어려운 사람들. 수술만 하면 낫는 병들을 가지고 저 농촌 골짜기에서 병원 갈 줄을 몰라가지고 죽어가는 사람들을 봤을 때, 농민운동도 좋지만 내가 저 죽어가는 환자들을 위해서 돕는 일을 해야 되겠다고 생각했어요.

—40대 여성

육영수 여사가 죽을 때까지만 해도 굉장히 순진한 학생이었어요. 육영수 여사 8.15 광복절 기념식 때 총 맞아 죽은 후 1년 뒤에 그 소설을 읽었어요. 존경하는 박정희 대통령에 대한 인식이 바뀌기 시작했고, 그때부터 데모를 시작했죠. 85년도 봄에는 피켓 들고 구호도 죽어라고 외치고... 그래서 두들겨 맞고, 안경도 다 깨지고... 하수구에 처박혀 가지고 막 뚜드려 맞고... 그런 과정을 거치면서 내가 사회와 이웃을 보는 눈이 완전히 바뀌었어요...

—40대 남성

3. 감정 공감형

감정 공감형은 도와줄 사람들을 만나면 '안타깝고', '측은하고', '마음이 짠하고', '눈물이 나는' 등의 정서상의 경험을 강하게 갖는 특성이 있다. 더 나아가서 '나 혼자서라도 대상자의 바람막이가 되어야 한다'는 생각도 하면서 몰입적 이타행동을 보이는 경향성을 갖는다. 이들은 '그들의 아픔이 곧 내 아픔'인 것으로 느끼면서 마치 감전되듯이 모르는 타인과 동일한 정서를 갖게 되는 정서적 감염을 경험한다. 그리고 이러한 정서적 감염을 토대로 타인에 대해 몰입적 이타행동을 행한다. 이 유형에 주목해서 살펴보면, 타인에 대한 공감적 고통이 이타적 행동을 촉발한다는 공감-이타주의 가설(Batson et al., 1997)의 주장과 일치하는 경향성이 있음을 관찰할 수 있다. 또한 위의 사회적 책임형과 진보 정치형의 경우 몰입적 이타행동의 동기가 규범적 차원에 놓여 있는 경향이 있는데, 이와는 달리 감정 공감형은 무엇보다도 정서적 차원에서 큰 영향을 받고 있는 것으로 이해된다. 혐오적 각성상태 감소이론은 고통 받는 이와 공감하게 되면 기분이 나빠지므로 공감적 각성을 야기한 원인을 제거하려는 이기적인 이유 때문에 이타적 행동을 취하게 되는 것임을 주장하는데, 감정 공감형의 경우 이런 주장과는 다른 동인에서 몰입적 이타행동이 발현되는 것으로 나타났다. '내가 그 사람 속에 들어가서 내가 다쳤어요'라는 진술이 핵심적인 양상인 것으로 볼 수 있는데, 이러한 진술에서 인식할 수 있듯이 이 유형은 자신의 고통에 초점을 두는 것이 아니라 타자의 고통에 초점을 두며 몰입적 이타행동을 발현시키는 것으로 이해된다. 관련하여 Hoffman(1981)은 인간의 초기 감정 이입에서는 자신의 불행감을 감소시키기 위해 타인을 돕는 행동이 나타나지만 성숙한 감정 이입에서는 타인의 불행이 곧 자신의 불행으로 느껴지기 때문에 타인을 돕는 행동이 나타나는 것으로 설명하는데, 감정 공감형의 예들을 보면 대체적으로 이러한 설명과 일맥상통한 것으로 보인다.

특히 감정 공감형이 경험하는 공감적 고통은 자신과 개인적인 관계가 전혀 없는 대상에게도 적용되는 것이 관찰되는데, 이러한 사실은 이 유형에 있어 성숙한 감정이입의 작동이 매우 특징적이라는 것을 인식하게 한다. 조혈모세포 제공 경험에 대한 질적 연구에서 기증자들은 수혜자를 한 번도 만난 적이 없음에도 불구하고 수혜자를 완전한 타인으로 여기지 않고 특별한 존재로 여겨 걱정과 애정 및 책임감을 갖고 고통스러운 기증 과정을 견디는 것으로 보고되는데(유재연, 2016), 이 유형에서 희생적 이타주의자들에게서 관찰되는 성숙한 감정이입의 경향성이 높은 것으로 나타났다.

가 보면 사실 너무 불쌍해요. 어떤 분은 앞이 안 보이고, 또 귀가 잘 안 들리고… 그러니 진짜 배라도 고프고 그러면은… 그전에는 내가 돈을 조금씩 줬는데… 지금은 쌀하고 김을 갖다 드리거든요. 실제… 가서 보면 심정이 그래요. 이 사람들은 내 가족이다. 누가 하나는 돌봐야 하는데 돌봐 줄 가족이 없는 거지… 안타까워요. 사실 내가 더 못 도와주고, 그 분들을 다 우리 집에 모셔다 놓고, 죽이 되나 밥이 되나 같이 끓여 먹었으면 하는 심정이 더 많고…

— 50대 남성

구조 쪽으로 많이 했어요. 지리산 폭우 사건, 경기 연천 북부 폭우 때 남보다 먼저.. 그냥 달려가서 그 어려운 처지에 있는 사람들하고 같이 나누는 구조 봉사 이런 거를 하다 보니까… 다니다 보니까는 점심때가 되어도 식사도 못하고 그냥 누워만 있는 사람을 보니까 딱도 하고 그래서 그 계기로 요리를 배워 가지고.. 많은 분들이 정말 3・1운동, 6・25, 보릿고개 다 겪으신 분들인데 식사 한 끼 제대로 못하는 거를 보고 참..(눈물이 맺히고 목소리가 떨림, 말을 잘 못 이을 정도) 내가 해줘야겠다! 그런 마음이 들어서.. 요리도 배우고 그래서 요리도 해주고…(한쪽 팔로 얼굴을 가리고 눈물을 안 흘리려고 고개를 뒤로 젖히심).

— 40대 남성

내가 저 사람 속에 들어가서 저 사람이라면 얼마나 힘들까. 내가 저 사람처럼 진짜 목이 아프고, 손가락이 다쳤다면…. 지금 꿰매고 있는데 아프다고 소리 지를 때 뭐가 아프냐고 간호사들은 시끄럽다고 그렇게 얘기할 수 있잖아요. 그런데 내가 그 사람 속에 들어가서 보니까 내가 다쳤어요.

— 30대 여성

측은한 생각을 많이 해요. 이렇게 불쌍한 사람들을 보면 정말 측은하잖아요. 모르겠어요. 그러니까.... 그런 것들을 많이 좀 느껴요. '아, 저 사람 많이 불쌍하다'.....

— 30대 남성

내가 화를 내고 싶어도 내가 화를 내면 그 사람 마음이 얼마나 아플까... 그러니까 안내고 내가 일단 희생하고, 양보하고 사랑하면 되잖아요. 그것은 한순간이잖아요. 그 템포만 늦추면...

— 30대 남성

또한 이 유형에 속한 이들은 단지 타인의 고통에만 민감한 것이 아니라 도움을 받는 사람들이 경험하는 기쁨과 행복 같은 긍정적 정서를 함께 느낌으로 해서 이타적 행동을 더욱 즐겁게 수행하는 경향이 있는 것으로 나타났다. 사람들은 일반적으로 도덕적 덕목이나 인류의 연대감(human connectedness)과 관련한 상황을 경험할 때 종종 이에 대한 정서적 반응으로 고양감(elevation)을 경험하게 되는데(Oliver & Bratsch, 2011; Oliver, Hartmann & Woolley, 2012), 이러한 일종의 도덕적 정서(Ellithorpe, Ewoldsen & Oliver, 2015)가 이 유형에서 관찰되는 것으로 나타났고, 더 나아가서 이러한 정서가 이들 유형의 몰입적 이타행동을 증가시키는 경향이 있는 것으로 나타났다.

누군가가 나를..... (눈물 맺히고 목소리 떨림) 의지하고..... 나는 항상... (눈물 흘림. 목소리 막혀서 잠깐 멈춤, 10초) 부족한데.... 야... 이래도 이 세상에 태어나서 누군가에 의해서 정말 내가 그 사람의 그늘이 되어 주고, 벗

이 되어 주고, 채워줄 수 없는 공간을 채울 수 있는 그런 사람이라면... 나는 정말 사는 보람이 있구나...

— 30대 남성

아주 영아는 자기를 안아 주는 건 알지만 누가 안아 주는 건 모르거든요... 그런데 24개월이나 낯을 익힐 수 있는 애들은 떨어지면 울고불고 하거든요... 그러면 가슴이 너무 아프지요.. 안 떨어지려고... 사람이 그립잖아요... 같이 놀아주는 사람이 그립고... 그러니까 내가 잠깐이라도 가서 아기를 안아 주면... 항상 잠깐이라도 안아 주면 사랑이 전해지게 되고 그러면 그 동안이라도 아기의 정서가 안정이 되고 엄마 사랑보다는 못하겠지만 사랑을 느끼면서 클 수 있지 않을까? 또 아기를 안아 줄 때 아기가 눈을 맞추고 빵끗빵끗 웃으면 너무 이쁘잖아요...(미소를 띄우며)

— 30대 여성

4. 경험적 연대형

경험적 연대형은 힘들고 아팠던 자신의 경험에 기반해서 다른 사람이 어떻게 생각하고 느끼는지에 대해 너무나도 잘 알아서 그 사람의 입장에서 그 사람을 위해서 어려운 상황에 대한 도움을 주려는 특성을 강하게 갖는다. 이 유형에 속한 사람들이 몰입적 이타행동을 행할 수 있게 하는 데 기여하는 동인에는 자신의 경험에 기반한 역지사지의 마음이 있다. '그들이 얼마나 힘들까', '그런 아이들의 처지를 너무나도 잘 안다'는 역지사지의 마음에 기반해서 도움이 필요한 대상자의 상황을 먼저 헤아리는 마음이 있다. 대상자의 입장을 너무나 잘 알기에, '자꾸 필요한 것이 보이고' 그래서 더 '할 일이 생긴다'는 것이 강조되기도 한다. 경험적 연대형이 몰입적 이타행동을 행하는 배경에는 감정 공감형과 유사한 기제, 즉 공감의 작동이란 것이 존재한다. 그러나 차이도 존재하는데, 그것은 바로 자신의 경험에 기반해서 몰입적 이타행동이 좀 더 구체적으로 실체화된다는 점이다. 이러한 속성의 경험적 연대형에는 40대가 약 75% 정도를 차지하는데, 이 연령층이 많이 포진되어 있는 배경에는 진보 정치형과 마찬가지로 한국사회 발전의 과도기 속에서 이들 세대가 경험한 어려웠던 삶과 더불어 연대 의식 및 공동체 의식 등이 결합적으로 영향을 미쳤을 가능성이 있다.

경험적 연대형에서 특징적인 것은 이들의 경우 자신의 어려운 경험과 유사한 어려움의 상황에 놓여 있는 타인들을 돕는 경우가 많았다는 점이다. 따라서 감정 공감형과 달리 경험적 연대형의 몰입적 이타행동은 자신의 체험적 삶의 유형이란 어떤 특성적 한계 내에서 촉발되는 경향이 큰 것으로 이해된다. 유사한 삶의 경험이 있기에 도움의 대상이 되는 타인의 상황을 더 실체화할 수 있고 그 마음을 더 구체적으로 헤아릴 수 있게 되어 몰입적 이타행동이 촉발되는 경우들이 많은 것으로 보인다. 이런 유형에 속한 시민들이 보이는 행동 과정의 전형적 예는 장애인들의 삶에 전혀 관심이 없었던 사람이 사고로 인해 장애를 갖게 된 후 장애인의 삶에 관심을 갖게 되고 적극적으로 도움의 행동을 개진하는 경우 혹은 어렸을 때 가난이나 질병 등으로 인한 어려움을 겪은 후 유사 상황에 있는 어린이나 청소년을 지원하는 경우 등이다. 경험적 연대형은 개인적 고통 경험에 기반한 이타적 행동(altruism born of suffering)에 대한 최근 논의(Staub & Vollhardt, 2008; Vollhardt & Staub, 2011)와 일맥상통한 부분을 많이 갖고 있는데, 앞으로 보다 주목해서 연구할 필요성이 있는 유형이라 할 수 있다. 그 이유는 경험적 연대형은 성격적으로 이타주의적 성향을 가지고 있지 않더라도 몰입적 이타행동이 개인의 삶 속에서 발생되었던 특정 경험에 의해 강하게 촉발될 수 있는 현상이란 것을 제시해 주기 때문이다. 이러한 관계성은 구체적으로는 과연 어떤 경험이 시민의 몰입적 이타행동의 촉발제로 작용하는지에 대한 이해 구축의 필요성을 제기한다.

경험적 연대형에 속한 이들에게 이타적 행동의 대상은 '내 가족처럼', '내가 먹여 살려야 할 식솔', '내 몸처럼'에서와 같이 확장된 나로 여겨진다. 이 유형에서는 어려움을 회상하며, 도움의 대상인 타인이 '음식을 넘기시는 것만 봐도 흐뭇하다'는 내용도 표현된다. 즉 경험적 연대형에서는 이전의 체험에 의해 대상자와의 거리감이 없이 공감적 고통을 경험하는 양상 그리고 대상자와의 일체감 등이 관찰된다. '나 같은 처지에 있는 그런 아이들이나 사람들을 도우면서 살아야겠다'와 같이 도움의 대상인 타인과 자신을 동일시하는 경향성을 갖는다. 공감이 이타적 행동을 촉발하는 현상과 관련해서 타인의 조망을 취하는 것이 그 자체로 공감적 관심을 불러일으키기 때문이라는 설명(Batson et al., 1997; McAuliffe et al., 2017)과 타인의 조망을 취했을 때 자기초점적 정서(self-oriented emotions)나 자기-타인 중첩(self-other overlap)이 일어나 그 결과로서 이타적 행동을 행할 가능성이 증가한다는 설명(Cialdini, Brown, Lewis, Luce, & Neuberg, 1997; Galinsky, Ku, & Wang, 2005; Maner et al., 2002; Myers & Hodges, 2011)이 서로 대립적으로 존재하는데, 경험적 연대형의 경우에는 후자의 설명이 좀 더 유효하고 근접한 설명인 것으로 이해된다.

> 그래 한번 이렇게 개인적으로 좌절을 맛봤다 할까요. 그런 경험을 통해서, 그 아이참... 내가 이런데 이 정도 장애인으로서 이 정도의 사회적 지위

를 가져도 이렇게 힘든데 그야말로 제대로 교육의 기회도 못 얻고 그런 장애인은 얼마나 힘들까 이런 생각을 상당히 많이 해 봤어요.

—40대 남성

사고 안 났으면… 자기의 가족과 자신을 위해서 부를 축적하고, 또 자기 개발을 했을 거예요. 그러니까 저는 두 번째 인생을 살다 보니까 제가 살아온 것에 대해서 반성을 하게 되잖아요. 저는 분명히 별 탈 없이 살아왔다고 생각을 하는데 그 과정에는 또 알게 모르게 젊어서부터 한 잘못들이 있으니까. 큰 피해를 준거는 아니고, 챙겨줘야 할 사람들을 못 챙겨줬다…. 제가 교사 생활을 했었는데… 우리 반에 장애아가 하나 있었거든요. '따뜻하게 좀 더 잘 해 줄 걸!'이라는 생각이 들어요. 물론 그 때도 배려는 했었지만 지금 같은 마음이라면 좀 더 달랐을 거예요.

—50대 남성

정말 사는 게 너무 힘들어서 이다음에 내가 성장하면은 나 같은 처지에 있는 그런 아이들이나 사람들을 도우면서 살아야겠다는 생각을… 어렵게 자라서 그래.

—40대 여성

그러니까 뭐라고 설명해야 하나… 뭐라고 해야 할까. 제가 겪었던 어린 시절이 떠오르고… 그래서 나와 같은 과거… 지난날의 그 어려움의 패턴을 겪지 말아야 하는데…. 그런 심리… 그런 마음이죠. 저 애들만큼은 그렇게 안 되어야 하는데… 그래서 더욱 돕고 싶죠.

—30대 남성

눈이 멀고 나서는… 처음에는 아까 말한 대로 '아! 이게 인생의 끝이구나. 더 어디 갈 데가 없겠구나…' 인생의 종착역 같이 느껴졌는데, 그래서 그 때부터 포기하는 삶을 살다가… 같은 처지에 있는 우리 맹인들을 보면서 '이 분들과 같이 어울려야 하겠구나'…'더 어려운 식구들하고 같이 어울리고 살아가는 것이 좋겠구나. 살 수 있는 길을 찾아야 하겠구나' 해서 여러 가지 봉사 활동했고, 이렇게 도우는 일을 하다 보니까 어느새 나도 살더라니까.

— 40대 남성

나도 물론 장애를 갖고 있지만…. 그 때는 장애 개념들이 많이 사회적으로 낙후 돼 있었잖아요. 그죠? 그래서 우리 같은 사람들이랑 같이 살고 싶은 마음들이 꿀떡 같았어요. 나도 장애를 갖고, 같이 사는 사람도 장애를 갖고, 그러니 서로 위로도 되고… 뭔가 해야 되겠다 싶은 마음으로.

— 40대 남성

제 처지를 보면 그렇게 비참하게 돌멩이에다 채이다시피 이리 튕기고 저리 튕기면서 그렇게 살아왔기 때문에 그런 처지의 아이들이 많은 것을 압니다. 여기 가서 도둑질하다가, 도둑질도 뭐 딴 도둑질도 아니에요. 먹을 거 도둑질이지… 우선 배가 고프니까. 그런 거 하는 거 보면서 내가 어린 마음이지만 이런 아이들이 많다는 것을 알았습니다. 꿈이 있다고 하면은 내가 언제라도 정말 밥이라도 먹게 되는 날, 이런 아이들하고, 그리고 내가 그리워하던 어머니 같은 분들… 불쌍하게 자식 없이 혼자 살아가시는 분들을 돕겠다는 생각이 어려서부터 조금 싹이 텄습니다. 그러니까 그게 한이 된 거죠. 내가 가진 거는 없지만은 진정으로 저런 사람한테 도움이 되는 거, 내가 어느 정도 여건이 되면 해 보겠다고 생각을 어려서부터 갖고 있던 거예요.

— 50대 남성

우리 형제가 9남매이고, 제가 4번째인데. 어려울 때, 내가 너무 어렵게 살아가지고, 하고 싶은 공부도 못 하고, 정말 사는 게 너무 힘들어서 이다음에 내가 성장하면 나 같은 처지에 있는 그런 아이들이나 사람들을 도우면서 살아야겠다는 생각을…

—40대 여성

경험적 연대형의 유형에는 자신이 경험한 고통과 유사한 고통을 겪는 대상자들에 대한 몰입적 이타행동의 실천 양상과 더불어 어려웠던 시절에 자신을 보살펴 준 이들로부터 경험했던 보살핌의 기억 혹은 의미 있는 대상이 타인으로부터 받았던 보살핌의 관찰에서 비롯되는 몰입적 이타행동의 실천 양상도 포괄하는 것으로 나타났다. 어린 시절 수녀님이나 고아원 아주머니와 같은 이들이 자신이 고통을 받던 시절에 제공했던 보살핌의 경험이 몰입적 이타행동을 촉발하는 데 영향을 미친다는 것을 제시해 준다. 아울러서 자신이 대상자는 아니었다 해도 의미 있는 대상이 누군가로부터 보살핌 받는 것을 관찰하였던 경험 역시도 이들의 몰입적 이타행동을 촉발하는 데 영향을 미친다는 것을 제시해 준다. 이는 경험적 모델링과 경험적 학습은 몰입적 이타행동을 행하고 강화시키는 또 하나의 기제로 작용할 수 있음을 보여 준다(이지연, 2003).

어린 시절을 고아원에서 보냈어요. 외국 수녀들이 키웠어요. 저는…. 미국 수녀들이 어린 시절에 키웠기 때문에 수녀들이 먹여 주고, 입혀 주고…. 웬만한 가정집 아이들보다 행복한 어린 시절을 보냈어요… 수녀님들은 말보다도 행동으로 실천하시는 분들이니까 항상 희생했죠. 자기 자신 챙기기보다는 항상 따독거려주고, 용서하고, 이해하고, 또 나눠주고… 어쨌든 간에 마음을 주려고 하는 거…. 어떤 물질적인 것도 중요하지만 정말 본심의 마음으로… 정말 사랑의 마음으로 감싸주는 게 정말 중요하죠. 지금도 뭐…. 친자식처럼 대해 주면서 아주 훌륭하다고….. 그 어릴 때부터 수녀님들의 영향이… 그런 교육들이 마음에 많이 담아져 있는 거죠.

—40대 남성

제가 14살에 서울 올라와서 아는 사람 없이 방랑 생활을 하면서 돈을 못 벌면 그날 굶었던 생각, 남의 방앗간에서 잠자고 일어나면 그 먼지 뒤집어 쓰고 아침에 배가 고파서 논의 물 같은 거 먹고 했던 생각이 나요. 또, 고아원 원생들 밥을 해주시던 아주머니께서 저를 수양아들로 삼아 주시면서 그 분이 저한테 고맙게 해줬던 생각이 나요. 그분은 제가 땅속에 들어가는 날까지도 잊히지 않을 거예요..(눈을 지긋이 감고 담배를 피워 문다) 그분은 부모나 다름없어요. 그분 잊히지 않아요.

—50대 남성

그전에 우리 집이 우리 동네에서 제일 가난한 집 중 열 손가락에 들었어요. 우리 집이 광명시에 있었는데, 저 남부지방 사람들이 뭐 죽제품, 소쿠리며 이런 걸 겨울에 갖고 와서 팔곤 했는데, 꼭 우리 집에 와서 잤어요. 부잣집에서는 안 재워주기 때문에.

—40대 남성

5. 의분형

의분형은 대상자가 부당한 상황에 처해 있는 것을 목격하였을 때 경험하는 '분노'나 '화'의 정서에 기반해서 몰입적 이타행동을 행하는 유형이다. 이러한 특성을 갖는 이들은 억울한 일을 당한 사람들이 있으면 이들을 대신해 문제를 해결하기 위한 중재의 역할을 행하는 것을 거리끼지 않는다. 이들은 Hoffman(1981)이 설명하듯이, 남의 불행을 자신의 불행으로 느끼면서 그 대상이 부당한 처우를 받는 경우 함께 분노하는 경향이 크다. 즉 의분이나 의협심을 경험하는 양상을 보이는데, 앞의 감정 공감형 유형 및 경험적 연대형과 유사하게 공감적 고통의 정서적 기제를 이 유형에서도 드러낸다. 이타적 행동에 대한 실험 연구에서는 상호적 이타성 행동 이면의 조절 기제로 작동하는 정서 중 분노(anger)가 감사(gratitude) 및 죄책감(guilt)과 함께 주요한 정서임을 강조하는데(Brase, 2017), 의분형의 유형에서 그러한 기제가 작동됨을 관찰할 수 있다. 이러한 분노 정서 반응의 기저에는 도덕적 가치에 기반한 추론, 구체적으로는 불평등에 대한 반감(inequity aversion) 등이 몰입적 이타행동을 촉발시키는 것으로 이해된다(Shaw et al., 2016). 또한 의분형은 맹자가 설명한 타인의 나쁜 행위에 대한 부정적 감정으로서의 도덕적 분노의 개념과 일맥상통한 것으로도 볼 수 있다(정용환, 2013). 다른 유형과 달리 의분형의 경우 30대와 40대가 약 82%를 차지하였는데, 상대적으로 보다 젊은 세대에게서 관찰되는 경향이 있는 것으로 나타났다.

> 북한 어린이들이 굶어죽는 상황에서 '식량을 도와주면 군량미로 다 들어가고 돈으로 도와주면 결국은 그 사람들이 그 돈으로 무기를 산다, 그래서 굶어 죽도록 내버려 둬야 한다'라고 주장하는 사람과 논쟁을 한 적이 있어요. 그때 내 마음속에 '저 사람 죽이고 싶다'고 할 정도로 분노가 느껴지더라고… 그 사람은 한쪽만 보고 북한을 도와주면 안 된다고 하는데, 사실은 그럴 자리도 아닌데 내가 분노를 느끼는 거예요. 저런 집단이 한국에도 있구나… 옛날에 또 어떤 일이 있었냐면 동티모르에 파병하는 거 가지고 인도주의적인 거니까 당연히 파병을 해야 된다고 봤고, 기자들도 그거 파병하는 거는 여 · 야가 다 동의를 할 거라고 했는데 한나라당에서 반대를 했다고요… 그래서 내가 저녁을 먹으면서 한나라당 사람들은 다 죽어야 돼. 사람

을 돕는 것까지도 반대를 하니까. 여하튼 부조리에 대한 분노가 굉장히 많아요.

—40대 남성

내가 도와주는 고아원이 있었어요.. 아이들하고도 놀아 주고… 근데 거기 원장이 좀 삐딱했어요.. 지금도 그렇고… 그런데 아이들이 20명에서 30명 정도 되는데 연탄불 한 장으로 지내게 했어요.. 이만큼(방의 구석과 구석을 대각선으로 가리킴) 넓은데 그게 연탄불 한 장으로 됩니까? 그런데… 하루에 2장을 땐다고 생각을 해봐요. 이 넓은 방에… 그것도 창문은 다 깨지고… 그런 방에서 그렇게 해서… 내가 너무 너무 화도 나고.. 그렇게 하는 사람이 어디 있는가 하는 질문이 들고.. 그래서 내가 가짜로 중앙 정보부 직원인데… 그래서 되겠느냐고…

—40대 남성

이 유형에 속한 시민들은 자신의 몰입적 이타행동의 성향에 대해 '어릴 때부터 그렇게 생겨먹었고', '오지랖이 넓고', '어려운 사람을 보면 그냥 못 지나치는 성향이고', '형편에 맞지 않게 남을 생각하는 속없는 사람이고', '본래 타고난 내 모습이고' 등의 말로 스스로의 성향을 표현하였다. 이 유형에 속한 시민들에서는 몰입적 이타행동이란 것이 수혜자의 상황적 특성보다는 제공자의 특성에 귀인 하는 경향성이 상대적으로 매우 컸다. 이러한 경향성을 고려할 때, 의분형에 속하는 시민들의 몰입적 이타행동은 성격적 차원의 동인에 의해 작동될 가능성이 크다는 것을 인식할 수 있다. 공감은 상태 공감과 특성 공감으로도 구분되는데, 특정한 상황 하에서 드러나는 가변적 상태 공감과 달리 특성 공감은 원래의 공감적 성향으로 그러한 성격적 특성의 형태로 발현된다고 설명할 수 있다. 이러한 공감적 성격의 성향이 높은 사람들은 타인의 고통에 마주치게 되었을 때, 일반적 공감과는 다른 형태의 의협심을 발현시켜 대응하는 것으로 해석된다. 대체로 이 유형에 속한 시민들은 스스로를 몰입적 이타행동을 할 수 밖에 없는 사람으로 규정하곤 하는데, 이러한 규정 자체에서도 특성 공감이란 속성에 의한 작용을 이해할 수 있다. 여하튼 자신이 속성상 이타적이라고 생각하는 사람은 실제로 이타적 행동을 하는 경향도 보다 더 높은 것으로 보고되는데(Baron & Byrne, 1991; Kosek, 1995; Moorman & Blakely, 1995), 의분형의 유형에서 성격 속성에 기인한 몰입적 이타행동의 전형적 모습들을 관찰할 수 있다.

불의를 보면 지금도 참지 못합니다. 하는 일이 진실한 일이라고 생각할 때에는 관공서 같은 데 가서도 절대로 굽히지 않습니다. 다른 사람들은 관공서 눈치보고 그러지만 저는 절대 그렇지 않습니다. 어려운 사람들, 노동능력은 상실됐고 자식들이 없고, 부모 없이 살아가는 소년 · 소녀 가장, 무의탁 노인들 이런 사람들이 집이 있다는 이유 하나만으로, 새산 아주 좀 있다는 이유로 도움이 딱 끊겼어요. 그럼 집이 있으면 집에서 밥이 나옵니까. 그 오두막집 같은 데서... 저는 이런 거에 대해서 해결이 날 때까지 싸웁니다. 그러니까 관공서에서도 다들 인정해 줘서 도와줘요. 그런 보람 속에서 살아가는 거지요.

— 50대 남성

전부 다 내 성질이지. 남을 해롭게 하거나 그러면 나는 못 참는데 어이하누. 사람들 도와주는 사람들 내가 참 칭찬을 하는데... 다른 사람들을 해롭게 하거나 깔보거나 그러면 나는 용서를 안 한다.

— 60대 남성

약자가 강자한테 당하는 건 정말 못 봐. 또 우물쩍하는 그런 일 처리나 행동 그런 것들도 죽어도 못 보거든요. 성격상 못 봐.

—40대 여성

시장에 사람들이 얼마나 많습니까? 일들이 생기면 근데 구경만 하지. 난 그런 건 못 봐. 우리 애 엄마가 첫 애 가져서 이렇게 있는데 내가 군대 휴가 왔는데 싸움이 났는데, 다 구경만. 내가 뛰어 들었는데, 내가 말린다고 들어가서 대신 싸우는 꼴이 된 거야. 나중에 알고 보니까 그 두 놈이 깡패 놈이야. 난 불의로 보이는 것 그런 거 못 참어. 그러니까 삼풍백화점 사건 때도 여기서 뛰어갔지.

—40대 남성

나는 전부터 정의감 이런 게 있어 가지고 싸움을 잘해요. 비닐하우스 포장마차…. 포장마차가 쓰레기 버리고 그냥 가고 그러잖아요(웃음). '포장마차를 인정해 주는 것까지는 좋은데 왜 쓰레기로 주위를 더럽게 만드는지. 자기 권리만 찾으려 하고 의무는 전혀 생각 안 하는 거잖아. 그래서 포장마차 주인하고 싸우고 그랬지….(웃음)

—40대 남성

아버지가 항상 불의를 보면 못 참는 그런 성격이었어요. 굉장히 성격이 고지식하면서도 올바른 길을 가려고 했던 분인데, 그 모습에서 영향을 많이 받았어요…. 사회에서 바르지 않은 일이 생기고 그러면 굉장히 화를 내고 이런 나쁜 사람들이 또 어디 있나 하시면서…. 그런 거에 세뇌가 많이 됐지 않았는가 생각이 들어요… 아버님이 국민학교 교사로 계셨는데 같은 마을에 사는 돈이 없어서 중학교를 못 가는 학생을 도와주어서 동아일보 신문에 난 적도 있어요. 제가 기억하기로는 등록금을 도와준 거는 딱 한 번밖에 없었는데(웃음). 여하튼 아버지는 그런 거를 자랑스럽게 생각하셨고, 사람들도 많이 이야기를 했어요… 우리 자녀들도 "아버지가 참 좋은 일을 하셨구나!" 하는 생각을 많이 했던 것 같아요.

—40대 남성

내가 비록 지금 일이 많지만 빨리빨리 해 주고, 그걸 다 해 주고 가야 맘이 편하지 그냥 '바빠서 못 해줘요' 하고 가면 그 날 밤에 맘이 불편해서 잠을 못 자요. 원래 좀 그런 성격이고….

—30대 여성

6. 습관적 수행형

마지막의 유형인 습관적 수행형은 몰입적 이타행동이 하나의 습관과 같이 일상화되어 실행되는 특성을 지닌 유형이다. 이 유형에 속한 시민들은 마치 '양치질'하는 것과 같이 일상적으로 그리고 지속적으로 이타적 행동을 행하는 특성을 갖는다. 50대와 60대가 75%를 차지하며 주로 나이 든 세대에서 더 많이 관찰되는 경향이 있다. 이러한 시민들은 몰입적 이타행동을 수행하는 데 있어서 매우 자발적이고 자기 통제적이다. 단회기적 행동에 그치는 것이 아니라 다른 이타적 행동으로 확장 및 연동시켜 가면서 지속적으로 수행해 나간다. 이 과정에서 자기 효능감까지도 경험하는 경향성이 있다. 이들은 가시적으로 눈에 들어오는 도움이 필요한 사람에 대한 돕기 단계에서 멈추는 것이 아니라 도움이 필요한 사람을 '수소문'하며 '찾아다니면서' 돕는 경향성을 갖는다. 더 나아가서 몰입적 이타행동을 행하는 과정에서 자신에게서 부족한 부분에 대해서는 '배우면서'까지 도움을 더욱 체계화해 보려는 경향성까지도 갖는다. 예로, 폐품을 팔은 수익금을 가지고 주변의 이웃에 도움을 주는 방식을 모색해 보고, 매일 점심을 굶으면서 그 돈을 모아 점심을 굶는 청소년에게 지원하는 방식까지도 강구하며 일상생활 속에서 몰입적 이타행동을 계속 진화시켜 나가면서 자신의 실천을 다각화하고 창의적으로 구상하며 도움행동을 더욱 확장시키는 노력을 행한다.

이 유형에 속한 시민들은 마치 중독 증세에 비유할 수 있을 정도로 이타적 행동의 실천에서 중독적인 특성을 보인다. 다양한 몰입적 이타행동의 종류 중 특히 혈액 기부를 지속하는 사람들의 경우(Griffin, Grace & Op'Cass, 2014; Wildman & Hollingsworth, 2009) 습관적 수행형의 몰입적 이타행동과 매우 높은 유사성을 갖는다고 볼 수 있다. 다른 유형과 비교해 보면, 습관적 수행형의 경우 의분형과 유사하게 수혜자의 상황에 대한 공감보다는 자기 자신의 개인적 특성이 몰입적 이타행동에 더 크게 영향을 주는 경향이 있는 것으로 보인다. 장기 자원 봉사자들의 이타주의적 특성(Dach-Gruschow, 2011)이나 35년 이상 인도주의적 구호 활동을 한 사람들의 경험(McCormack, Joseph & Hagger, 2009)에 대한 질적 연구에서도 이런 경험을 한 사람들의 경우 매우 주도적인 특성(agency)을 보이고, 일종의 이타주의적 정체감(altruistic identity)을 바탕으로 꾸준하게 이타적 행동을 이어가는 경향이 있음이 제시되는데, 이러한 모습은 습관적 수행형의 속성과 일맥상통하다고 말할 수 있다. TV 자선모금 프로그램의 효과에 대한 연구에서 기부 경험이 많은 사람들은 프로그램의 시청을 통해 정서적으로 관여하기보다는 인지적 관여가 이들의 도덕적 규범을 매개로 하여 기부행동의 증가로 연결된다고 설명하는데(김봉철, 최명일, 김유미, 2012), 지속적으로 몰입적 이타행동을 보이는 습관적 수행형의 유형에서도 자기 목소리로 내면화된 도덕성 등이 그러한 지속적인 몰입 행동에 영향을 미치는 것으로 이해된다.

항상 어려운 이웃에게 제가 가지고 있는 기술을 좀 베풀어 줄 수 없을까 해서 그 가난한 사람들 보일러 놔주고 집수리 해주고, 도배, 장판 해주고... 사실 좀 정부에서는 쌀이며.. 그 사람들을 생활보호 대상자로 관리는 하고 있는데 주거환경 개선은 그렇게 도움이 있는 거 같지 않아서... 그 쪽에다 초점을 맞춰 가지고 계속 봉사활동을 하고 있지요. 가서 더 많이 배우고 오고, 또 그런 분들과 함께 있으면 내가 꼭 필요한 사람 같아서 또 가고.. 뭐 이래서.. 어떻게 보면 마약 중독자들처럼 손을 못 놓고 그런 쪽으로 이끌어 가는 거 같죠... 봉사가...

— 40대 남성

정말 저는 제가 힘이 닿는 데까지는 열심히 하거든요. 힘이 닿는 데까지는 또 내가 좋은 아이디어가 있으면 그것을 반드시 성사를 시켜야지 잠을 자지 안 그라면 잠이 안 와 버려. 해 버려야지 그 다음에 내가 마음이 편하지 그게 왼수가 안 되면 마음이 안 편해. 나한테 그런 힘은 분명히 있어요.

— 50대 여성

내가 여유가 되면 도우고... 또 적을 땐 적게 도우고 많을 땐 많이 도우고... 뭐... 20년이 길다 하지만 이거는 내가 죽을 때까지 아마 해야 될 일이기 때문에 난 그거 길었다고 생각해 본 적은 없어요.

— 40대 남성

지금도 이 직업이 너무 천직... 하나님이 죽었다 다시 태어나라 해도 이 일 할 거에요. 봉사할 수 있는 길은 이 일밖에 없다니까요. 고아원 아이들에게, 또 넝마주이들에게, 또 양로원 노인들에게, 실직자들에게 봉사하는 이 길밖에 없어요.

— 50대 남성

내가 봉사한다고 그러면은… 다들 나도 조금만 여유가 생기면 봉사할 수 있는데.. 지금은 아니다 그러는데 그렇게 딱 되는 게 아니잖아요. 봉사는 시간이 나서 하는 게 아니라… 내가 하고자 하는 의지죠.

— 50대 여성

이처럼 습관적 수행형의 경우 몰입적 이타행동은 상황적 변인에 의해 촉발되는 양상이라기보다는 자발적인 의지에 따라 그 행위가 수행되는 속성이 더 강하다. 이들의 몰입적 이타행동에 대한 기술을 보면, 상황적 어려움에도 불구하고 끈기를 갖고 행동의 지속과 몰입에 방해가 될 수도 있는 상황적 유혹에 저항하면서 자신의 몰입적 이타행동을 이어가는 경향이 크다는 것을 인식할 수 있다. 이 유형에 속한 시민들에게 있어 이타적 행동은 '자신이 굶고' '지옥에 떨어진다 할지라도', 그리고 '타인으로부터 왜곡된 비판을 받는다 하더라도' 반드시 수행해야만 하는 삶의 과제이다. 이런 시민들은 때로 주변 사람들의 몰이해나 오해로 어려움이 발생되기도 하지만, 어떤 어려움도 극복해 내는 힘과 의지를 갖고 지속적으로 타인을 돕는 행동을 한다. 이러한 경향성은 희생적 이타적 행동에 범주화시킬 수 있는 조혈모세포 제공 경험에 대한 연구에서도 확인된다. 기증자들은 기증 과정이 버겁고 녹록지 않음에도 불구하고 포기하지 않고 의지를 발휘하여 기증 과정을 견뎌 내고 반복적으로 그런 행동을 하는 모습, 즉 희생적 나눔을 지속적으로 이어 가려는 의지를 다지는 경향성이 큰데(유재연, 2016), 이런 속성은 습관적 수행형에 속한 시민들이 보이는 속성과 매우 유사하다.

그때 진짜 미쳤다는 말이 맞아요. 그 사람을 도와주다가 이 한 사람만 어려운 게 아니라 이런 상황에 놓여 있으나 나라에서 보조 못 받고, 어디에서도 보조 못 받는 사람이 여럿 있을 것이다라고 생각하게 되었어요. 그래서 그런 사람을 찾아다니면서 도와줬어요. 그래서 그런 사람들을 찾아, 여기 동네에도 가보고, 저기 동네에도 가보고, 서울 봉천동에도 가보고, 찾아 다니고 그랬어요. 그렇게 찾아서 만났을 때, 오늘 벌어서 이 집 도와주고, 내일 벌어서 저 집 도와주고, 모레는 저 집 도와주고... 나는 월세 살면서... 오늘 벌어서 이 집에 한 삼만 원 갖다 주고, 오늘 벌어서 저 집에 한 오만 원 갖다 주고, 이런 식으로... 그리고, 며칠 벌어서는 우리가 먹고살고... 이렇게 살았죠. 마약을 먹은 사람이 계속 먹으면 마약에 중독이 되잖아요. 그때는 정말 그랬어요. 그렇게 나는 도와주는 것에 중독이 돼가지고.

— 40대 남성

그런 것은 누가 시킨다고 되는 것이 아니지. 미치면 할 수 없는 것이지. 누가 좋아한다고 내가 산비탈까지 오도바이 타고 다니고. 땀을 철철 흘리고, 배는 굶고, 그라면서도 거기에 갖다 주고 싶은데 어찌하겠어. 할 수 없는 거야. 누가 시켜서가 아니야. 그냥 마음에서 저 양반한테 이래 주면은 몸에 좀 좋아지지 않겠나 싶거든.. 그거 먹고 걸음 걸으면 얼마나 반갑나.

— 60대 남성

내가 이런 일을 해서 지옥에 떨어진다고 할지라도 나는 계속 할 것 같아요. 뒤에 일, 결과는 생각하지 않아요. 누구한테 칭찬 받고 좋은 소리 듣고 이런 건 전혀 생각하지 않아요. 그분들이 좋으면 좋은 거지, 뭐 다른 거 생각할 필요가 있나요? 도움 받는 사람들이 좋다니까 좋은 거거든요, 자기 신념이 있으면 누가 손가락질을 하던 누가 별 욕을 하던 상관하지 않고 그렇게 나가면 된다고 생각해요....

— 40대 남성

어려움은 한두 가지가 아니지요. 이 일 하는 것에 대해서 비판하는 사람들이 있어요. 그 순수함을 왜곡되게 보고. 그런 사람들도 있더라고요. 나는 그런 거 있어도 그냥 지나가 버립니다. '그래, 너는 그대로 가고, 나는 내 길대로 가면 되고.' 쉽게 이야기해서 여유가 있으면 좀 더 많이 할 거고, 없으면 없는 대로 좀 적게 할 거고. 이 일은 죽는 날까지 한다... 많고 작고가 아니라, 내가 가고자 하는 목적이 크고 적고 간에 이 일을 해야 된다는 게 의미 있어요.

—50대 남성

제3절 일반 시민의 몰입적 이타행동에 대한 종합적 정리

본 장에서는 일상적 이타행동과는 다소의 차이를 갖는 주제라 할 수 있는 몰입적 이타행동에 대해 분석해 보았다. 몰입적 이타행동은 좀 더 특정한 상황 속에 몰입적으로 이타적 행동을 행하는 시민들에 주목한 것이기에 사실 이들 시민 간의 속성 비교가 용이하지 않을 수도 있고 비교를 통한 이해의 심화 및 확장 역시도 매우 조심스런 부분일 수 있다. 그럼에도 불구하고 몰입적 이타행동의 심리사회적 속성을 중심으로 유형화 해 본 결과를 바탕으로 그 특성을 공통점 혹은 차이점에 주목하면서 개략적으로나마 간략히 비교 및 정리해 보면서 이에 대한 이해를 더욱 심화 및 확장시키고자 했다. 심리사회적 속성에 초점을 두고 일반 시민의 몰입적 이타행동에 대해 분석해 본 결과를 정리해 보면 다음과 같다. 본 연구에서 몰입적 이타행동을 보이는 이타주의자의 유형 중 가장 많은 비중을 나타내는 유형은 사회적 책임형이었다. 이 유형의 경우에는 심리(인지·정서)요인으로 구분되는 규범과 도덕적 추론과 유지 요인으로 구분되는 내적 강화의 특성을 보이며 사회 계약적 의무, 평등한 삶의 권리 등에 민감하게 반응하는 것으로 나타났다. 이들은 자신의 내부에서 발현되는 사회적 책임감을 실현하면서 이를 만족과 즐거움으로 승화시켜내는 양상을 보였다. 또한 자신들이 이타적 행동을 하지 못하였을 때 자기-처벌적 정서를 경험하지 않기 위해서 이타적 행동을 유지하고 강화하는 양상도 보였다.

두 번째 유형으로는 진보 정치형이 분류될 수 있었다. 이 유형은 심리사회적 요인 중 심리(인지 · 정서)요인인 정치적 입장과 유사성에서부터 기인하는 이타적 행동을 보이는 유형이었다. 이들도 사회적 책임형과 마찬가지로 사회적 관점을 중심으로 활동하는데 이런 활동들이 평등한 사회구조를 지향하는 진보적 사회주의에 기반하는 경향인 것으로 파악되었다. 관찰의 시점에서 대부분은 노동운동 및 시민운동을 경험한 40대에 속하는 경향이었고, 사회적 연대감을 중심으로 약자를 배려하는 방식에서 이타적 행동을 실천하는 것으로 나타났다. 이들은 자신의 가치관과 사회관을 기반으로 어려운 이웃을 도우면서 심리적 거리를 좁히는 방식으로 몰입적 이타행동을 실천하는 양상이었다.

세 번째 유형으로 파악된 것은 심리사회적 요인 중 심리(인지 · 정서)요인인 공감 및 조망수용을 기반으로 몰입적 이타행동을 실천하는 감정 공감형이었다. 감정 공감형은 자신의 정서상 경험(정서적 감염)에서 이타행동을 강하게 자극받고 실천하는 유형이란 특징을 보였다. 앞서 살펴본 사회적 책임형이나 진보 정치형이 규범적 차원에서 영향을 받는 것과 달리 정서적 차원에서 강한 영향을 받는 것으로 나타났다. 이들은 타인의 고통에 초점을 두고 이를 해소하기 위해서 몰입적 이타행동을 실천하고 있었다. 특히 이들은 자신과 전혀 관련이 없는 사람들을 대상으로 하면서도 공감능력이 십분 발휘되는 경향이 있는 것으로 나타났는데, 이는 희생적 이타행동의 양상과도 다소 유사한 속성인 것으로 파악된다. 이들은 타인과에 대한 공감 그리고 공감에 기반한 연대감 속에서 자신의 도움으로 타인이 느끼게 되는 기쁨과 행복에 민감하게 반응하는 양상을 보였다.

네 번째 유형으로 파악된 것은 심리사회적 요인 중 심리(인지 · 정서) 요인인 공감, 유사성 및 관계적 요인인 모델링을 중심으로 몰입적 이타행동을 실천하는 유형인 경험적 연대형이었다. 이들의 경우 자신이 과거 경험했던 고난을 기반으로 하는 유형이란 특징을 보였다. 경험에 기반해서 타인의 고통을 이해하고 이를 해소하는 데 기여해 보고자 몰입적 이타행동을 실천하는 경향이 있는 것으로 나타났다. 이들을 가장 명확히 표현할 수 있는 단어는 '역지사지'라 할 수 있고, 나이의 측면에서는 관찰의 시점에서 진보 정치형과 마찬가지로 험난한 한국사를 경험했던 40대가 이 유형에 많이 속하는 것으로 나타났다. 이들은 감정 공감형과 달리 공감능력에 기반해서 타인의 감정에 공감한다기보다는 자신의 경험을 바탕으로 어려운 상황을 이해하며 타인을 돕기 위해 이타적 행동을 실천하는 유형으로 특징지을 수 있다. 개인의 경험에 따라 대상과의 거리감 해소를 위한 행동 상 선호 양상이 다를 수 있는 유형이라고 볼 수 있다. 특히 이들에게 있어 어린 시절 어려운 상황에서의 타인에 의한 돌봄 등과 같이 타인으로부터 이타적 행동을 경험한 것이 현재의 삶에서 몰입적 이타행동을 실천하는 데 매우 큰 자극이 되는 것으로 파악된다.

다섯 번째 유형으로 파악된 것은 심리사회적 요인 중 심리(인지 · 정서) 요인인 공감, 자기도식, 규범을 중심으로 몰입적 이타행동을 실천하는 유형인 의분형이다. 사회에서 누군가가 부당한 상황에 처할 때 이들은 '분노'와 '화'를 기반으로 몰입적 이타행동을 실천하는 속성을 갖는 것으로 나타났다. 이들은 실제로 수혜자의 특정한 상황보다는 원래의 공감적 성격적 특성으로 인해 이타적 행동이 발현되는 특징을 갖는 것으로 나타났다. 이들의 이타적 행동은 스스로의 성격적 특성에 귀인하는 경향을 갖는 것으로 파악되었다. 대체로 이 유형에 속한 시민들은 스스로를 몰입적 이타행동을 할 수밖에 없는 사람으로 규정하곤 하는데, 스스로에 대한 이러한 규정을 통해 특성 공감이란 속성이 의분형의 유형에 크게 작용한다는 것이 파악된다.

여섯 번째 유형으로 파악된 것은 다른 유형과 달리 심리사회적 요인 중 성격요인인 지속성과 끈기, 자기효능감을 기반으로 몰입적 이타행동을 실천하는 유형인 습관적 수행형이다. 이들은 이타적 행동을 습관처럼 일상화하는 경향을 보이는데 심하게는 중독처럼 이타적 행동을 실천하는 속성도 갖는다. 이들은 도움에 대한 요청을 기다리지 않고 도움이 필요한 사람들을 찾아 나서는 경향까지도 보인다. 이들은 상황적 요인에 영향을 받기보다는 자발적인 의지에 따라 몰입적 이타행동을 실천하는 경향이 강한 유형이다. 습관적 수행형에게 이타적 행동은 삶의 과제이기에 어려운 상황에 직면하더라도 이를 극복하면서 몰입적으로 이타적 행동을 실천하는 것으로 나타났다. 이 유형은 자신을 희생하면서 타인을 돕는 경향이 크다는 점에서 희생적 이타행동을 보이는 시민들과 유사성이 있는 것으로 파악된다.

몰입적 이타행동과 관련된 질적 분석의 결과는 타인을 위해 몰입적으로 이타행동을 실천하는 모범적 이타주의 시민들은 과연 어떤 속성을 특성으로 갖는지 이해해 볼 수 있게 하는 단초를 제공해 준다. 위의 분석결과는 거의 모든 유형에서 심리사회적 요인 중 심리(인지·정서) 요인인 공감, 조망수용, 규범, 도덕적 추론 등이 몰입적 이타행동에 밀접한 관련을 갖고 있음을 제시해 준다. 아울러 이러한 결과는 시민의 삶에서 몰입적 이타적 행동이 태생적으로 결정되는 것도 아니고 진공 상태에 놓여 있는 것이 아니라 심리사회적으로 생성 및 진화될 수 있는 것임을 시사해 준다. 질적 연구의 특성상 연구결과를 일반화 하는 것에는 제한성을 가질 수 있으나, 위의 분석결과는 시민들의 몰입적 이타행동의 내면에 사회적 삶의 과정에서 축적되고 강화될 수 있는 심리사회적 속성이 중요한 기제로서 작용한다는 것을 분명하게 보여 준다.

제6장

결 론

제6장 결론

제1절 이타행동 분석결과에 대한 종합적 정리

지금까지의 이타적 행동에 대한 논의 경향을 살펴보면, 인간 본성에 초점을 둔 논의, 자연 및 사회 환경에서의 생존 및 적응에 초점을 둔 논의, 그 행동 이면의 작동 기제에 초점을 둔 논의 등을 중심으로 진행되었다. 이런 논의의 과정 속에서 많은 연구는 이타적 행동을 우리의 일상에서 매우 드물게 행해지는 행위 그리고 쉽게 관찰하기 어려운 특수한 행위인 것으로 간주하는 경향이 있었다. 이런 접근과는 다소 다르게 본 연구는 이타적 행동이 우리의 일상 속에서 다양한 형태로 나타날 수 있다는 점에 주목해 보고자 했다. 우리 사회의 다양한 장에서 발현되고 있는 이타적 행동의 다양한 양상에 초점을 두고 이를 포괄적으로 다루어 보고자 했다. 이를 통해 이타적 행동에 대해 좀 더 확장된 이해의 틀을 제공하면서 우리 사회가 이타적 사회로 한 걸음 더 나아가 보는 데 기여할 수 있는 기틀을 마련해 보고자 했다. 이를 위해 본 연구는 일상적 삶에서 일반 시민들에 의해서 행해지는 일상적 이타행동과 이런 일상적 이타행동이 내면화되고 심화되어 나타나는 몰입적 이타행동에 초점을 두고 그 양상에 대한 이해를 확장 및 제고시켜 보고자 했다. 본 연구는 자신의 희생까지도 감수하는 희생적 이타행동에 대해서는 자료 구축 및 관찰이 용이하지 않음으로(제한성으로) 인해 포괄하지 않았다. 두 가지 형태의 이타적 행동에 대한 본 연구의 분석결과를 종합적으로 정리해 보면 다음과 같다.

1. 일상적 이타행동 분석결과에 대한 종합적 정리

본 연구의 첫 번째 핵심 축인 일상적 이타행동에 대한 연구결과를 정리하면 다음과 같다. 첫째, 일상적 이타행동의 대표적인 예로 볼 수 있는 기부행동(기부 참여, 기부규모, 기부노력)과 자원봉사행동(자원봉사 참여, 자원봉사 시간)에 있어서 종교와 종교성은 일정 부분 이런 행동들을 촉진 및 강화시키는 요인으로 작용한다는 것을 확인할 수 있었다. 이는 많은 선행연구들(강철희, 허영혜, 최영훈, 2013; 조휘일, 1991; 홍은진, 2005; Bekkers, 2003; Brown & Ferris, 2007; Feldman, 2007; Wilson and Janoski, 1995)과 일치하는 것으로서 이타적 행동의 실천 과정에서 타인을 위한 배려와 돌봄을 중요하게 여기며 가르치는 종교 그리고 개개인의 종교적 성정이 지니는 의미가 결코 작지 않다는 사실을 인식하게 한다. 다음으로 본 연구는 일상적 이타행동은 어린 시절의 나눔 실천경험 혹은 학습경험과 같은 사회화 과정을 통해 그 행동이 강화 및 촉진될 수 있다는 것을 확인할 수 있었다. 이 역시 기존의 연구(김태홍 외,2007; 조휘일, 1991; Aldrich, 2000; Bekkers, 2004; Musick & Wilson, 2008; Wilhelm, et al., 2006)에서 제시되어온 것과 일맥상통한 결과로서 타인을 위한 배려와 돌봄의 경험 및 학습의 영향력은 시민 개개인의 삶에서 지속적으로 의미 있게 존재해 나간다는 사실을 인식하게 한다. 마지막으로 일상적 이타행동을 대표하는 두 가지 핵심 구성 요소라 할 수 있는 기부행동과 자원봉사행동은 상호 강화 및 촉진하는 방식으로 각각에 긍정적인 영향을 주는 관계라는 것을 확인할 수 있었다. 이는 기부행동과 자원봉사행동의 관계가 대체재가 아닌 보완재의 속성을 갖는다는 것을 강조하는 기존의 연구결과들(강철희, 유재윤, 박소현, 2012; 강철희, 김유나, 김수빈, 2017; 정익중과 김지혜, 2012; Bekkers, 2002; Reed and Selbee, 2001; Van Slyke and Brooks, 2005)과 같은 맥락의 결과인 것으로 이해할 수 있다. 즉 이러한 결과는 일상적 이타행동은 시민의 삶의 현장에서 어느 하나의 행동만을 선택하는 방식으로 작동하기보다는 다양한 형태의 관련 행동으로 확장되는 경향성이 있다는 것을 보여주는 의미 있는 결과라 할 수 있다.

둘째, 일상적 이타행동이란 것이 사회적 배경에 따라 다소 다른 관계 구조 속에서 전개될 수도 있는 것이기에, 종교성, 교육수준, 이념적인 성향(정치적 이념)에 주목하면서 우리나라의 자료와 미국의 자료를 비교의 관점에서 분석해 본 결과, 시민의 기부행동, 구체적으로는 기부참여 및 기부규모에 있어 일관적인 영향력을 갖는 것은 바로 종교적인 헌신 및 몰입의 정도로 정의될 수 있는 종교성인 것으로 나타났다. 종교성은 한국과 미국 모든 곳에서 기부행동을 설명하는 주요 요인인 것으로 확인되었다. 각 사회의 사회문화적 차이에도 불구하고 종교성이 이런 일관된 영향력을 지닌다는 사실은 타인에 대한 돌봄과 배려를 가르치는 종교와의 관계에서 개개인이 지니는 종교적 성정은 일상적 이타적 행동에도 그대로 반영되는 경향이 크다는 사실을 인식하게 한다. 이는 향후 일상적 이타적 행동을 이해하는 데 있어 종교의 영향력과 함께 시민의 종교적 성정 즉 종교성에 대한 관심도 지속적으로 더 강화시켜 나갈 필요성이 있음을 시사해 준다. 다음으로 일상적 이타행동 중 기부규모와 관련해서 미국에서는 소득과 같은 핵심 요인들을 통제한 이후에도 시민의 교육 수준은 기부참여 및 기부규모 모두에서 전반적으로 일관되게 차이를 발생시키는 요인으로 작용하나, 한국에서는 기부규모에 대해서만 교육수준(대학교 졸업)이 차이를 발생시키는 요인으로 작용함을 확인할 수 있었다. 이는 교육을 통한 이웃과 사회에 대한 조망 능력의 강화와 확장이 일부 작동되는 경향이 있긴 하나, 나눔과 돌봄 및 배려를 통해 사회적 위기를 극복해 내어야 하는 과제를 지닌 우리 사회에서 그 영향력이 여전히 제한적이고 미흡하다는 것을 파악할 수 있게 하는 결과이다. 또한 일상적 이타행동에 대해 교육이 지니는 의미를 더 큰 관심을 갖고 지속적으로 살펴볼 필요가 있음을 제시하는 결과인 것으로 해석된다.

셋째, 정기적이며 지속적으로 기부활동을 행하는 시민들만을 대상으로 종교와 교육수준과 같은 사회적 요인에 주목하면서 이들 요인의 지속적 이타행동에의 영향력을 분석해 본 결과, 기부규모와 기부기간에 일관적으로 영향을 미치는 것은 종교인 것으로 나타났다. 기부행동에 대한 종교의 중요성을 강조하는 연구들(Regnerus and Smith & Sikkink 1998; Simmons & Emanuele 2004)에서 강조되어져 온 바와 같이, 일반 일상적 이타행동을 넘어 정기적이며 지속적으로 이타행동을 삶에서 실천하는 시민들의 행동에 있어서도 종교는 의미 있는 차이를 발생시키는 매우 주요한 요인임이 확인되었다. 이는 지속적으로 강조하듯이 타인을 위한 돌봄과 배려를 중요하게 여기며 가르치는 종교는 시민의 일상적 이타행동의 지속을 가능케 하여 생활화되게 하는 데 크게 기여하는 요인이란 점을 인식하게 한다. 다음으로 정기적이며 지속적으로 기부활동을 행하는 시민들의 지속적 이타행동과 관련해서 교육수준은 기부기간에 대해서만 즉 제한적으로만 의미 있는 차이를 발생시키는 것으로 나타났다. 이는 우리사회에서 시민의 이타적 행동에 대한 교육수준의 영향력이 제한적임을 확인시켜 주는 결과이라 할 수 있다. 즉 경제적 역량의 영향을 크게 받지 않는 일상적 이타행동의 현상, 예를 들면 이웃을 돌보다는 행동의 지속성과 관련해서만 교육수준이 의미 있는 차이를 발생시킬 수 있다는 사실을 제시해 주는데, 이는 우리사회에서 타인을 위한 돌봄과 배려에서 교육수준이 어떤 지점에 영향력을 미치고 어떤 지점에 대해서는 영향력을 지니지 않는지를 파악하는 것 자체가 매우 흥미롭고 의미 있는 과제임을 시사해 준다. 교육수준이 지니는 영향력이 분석대상자의 설정(일반 시민 대 정기적이며 지속적으로 기부를 행하는 시민)과 분석대상행동의 설정(기부규모 대 기부기간)에 따라 일관적이지 않은 결과가 관찰되는 것과 관련해서는 후속연구를 통해 보다 엄밀하게 그 양상이 파악될 필요성이 있다.

2. 몰입적 이타행동에 대한 분석결과에 대한 종합적 정리

본 연구는 일상적 이타행동을 넘어 이를 내면화시키고 심화시켜 발현하는 몰입적 이타행동에 대한 이해를 제고해 보고자 했다. 이를 위해 몰입적 이타행동을 실천한다고 인정되는 시민을 대상으로 질적 분석의 방법을 활용하여 유형화를 시도해 보면서 그 특성들을 파악해 보았다. 분석결과, 첫째, 시민들이 특별하게 겪었던 경험 자체가 몰입적 이타행동의 발현에 매유 유효하게 작용하는 경향이 있다는 것을 인식할 수 있었다. 이러한 결과는 특정 국가 또는 사회가 공유하는 특별한 사건이나 특별한 상황적 경험 역시도 그런 국가 및 사회에 속한 개개인의 인식변화와 행동실천, 특히 이타행동의 발현과 몰입적 지속에 영향을 미칠 수 있다는 것을 제시해 준다. 맥락상 유사한 것으로 1990년에서 2003년 사이에 자국 내에서의 전쟁으로 인해 상상하기 어려운 정도의 폭력을 경험하였던 라이베리아 사람들이 이후 2010년 이웃나라인 코트디부아르가 내전으로 인해 난민을 대거 발생시켰을 때 이웃 난민들을 마다하지 않고 적극적으로 받아들이고 도왔던 예를 들 수 있다. 이와 관련해서 Hartman과 Morse(2015)는 질적 연구를 통해 과거 내전으로 인해 폭력에 노출된 경험이 있는 사람들이 도움이 필요한 난민들을 그냥 지나칠 수 없음을 더 강하게 느끼고 난민의 처지에 대해 깊이 공감하며 이들 이웃을 물심양면으로 돕게 되었음을 밝힌다. 이들의 연구는 그 특별한 경험이 공감 능력 및 조망 능력을 불러일으키면서 이타적 행동이 발현되고 지속될 수 있게 한다고 설명한다. 본 장의 분석결과 역시 특별한 경험을 가졌던 사람들이 유사 입장에 처한 이웃들에 대해 남다른 방식의 이타적 행동을 몰입적으로 행한다는 것을 제시하고 있는데, 이는 위의 해외 사례와도 일맥상통한 결과인 것으로 이해할 수 있다. 특히 경험적 연대형의 경우, 과거의 어려웠던 경험에 기반하여 공감이 매우 중요하게 작동한다는 것을 공통적으로 살펴볼 수 있었는데, 이들의 사례를 통해 몰입적 이타행동의 기저에 유사 경험이 존재한다는 사실을 도출해 볼 수 있었다. 사회 진보형의 진술에서도 유사하게 과거 사회경제적으로 어려웠던 시절 모두가 겪었던 경험 등이 이웃 및 사회에 대한 이념의 구축에 크게 영향을 미쳐 몰입적 이타행동의 발현이란 결과로 이어지는 경향이 있음을 보이는데, 이를 통해 경험에 기반한 조망이 몰입적 이타행동의 기저에 존재한다는 것을 이해할 수 있었다. 물론 본 연구에서 제시하는 사회 진보형의 경우 타인에 대한 공감적 고통보다는 신념화된 연대감이 몰입적 이타행동의 기반을 이룬다는 점에서 다소의 차이를 보여주기는 하나, 전반적으로 볼 때 일반 시민이 겪은 특별한 경험이 이와 유사한 상황에 놓여 있는 타인에 대한 이타적 행동의 발현을 넘어 몰입적 이타행동을 이끄는 데 긍정적으로 작용하는 기제인 것으로 파악되었다.

둘째, 본 연구에서 주목한 사례들에 대한 분석결과, 일반 시민들의 몰입적 이타행동의 저변에는 성격적 특성의 영향력이 존재한다는 것을 인식할 수 있었다. 해외에서 진행된 사례에 기반한 연구에서도 지속적으로 이타적 행동을 보이는 사람들은 외향성, 개방성, 주도성의 경향성이 있고 높은 자아통제감과 자기효능감을 보인다고 논의하고 있는데(Dach-Gruschow, 2011; Frimer, Lawrence, Dunlop, Lee, & Riches, 2011; Kosek, 1995; McCormack, Joseph, & Hagger, 2009; Moorman & Blaskely, 1995; Oda et al., 2014), 질적 분석결과 시민들의 이타적 행동의 저변에는 경험의 영향력, 도덕성 발달 및 행동 규범의 사회화와 같은 영향력 이외에 성격적 속성에 의한 영향력도 주요하게 작동되는 경향이 있다는 것을 파악할 수 있었다. 해외의 많은 연구들에서 성격적 속성들이 이타적 행동의 수행에 영향을 미치는 주요한 기제임을 논의하는데(Dach- Gruschow, 2011; Frimer, Lawrence, Dunlop, Lee & Riches, 2011; Kosek, 1995; McCormack, Joseph & Hagger, 2009; Moorman & Blaskely, 1995; Oda et al., 2014), 본 연구 사례 분석의 결과는 몰입적 이타행동을 실천하는 시민들의 유형 중에서 특히 습관적 수행형의 경우에 성격적 속성의 영향력이 좀 더 크게 작동하는 경향이 있음을 보여주었다. 습관적 수행형의 경우 성격에 의한 이타적 행동의 발현 및 몰입 양상이 해외에서 강조되는 바와 유사하게 전개되는 경향이 있음을 관찰할 수 있었다. 이 유형에 속한 시민들은 자기주도적이고 자기통제적이며 창의적인 속성을 갖고, 이를 기반으로 지속적으로 몰입적 이타행동을 행하며 그러한 행동을 통해 자기 효능감까지도 경험하는 특성을 갖는 경향성이 있는 것으로 나타났다. 해외연구의 결과와 본 연구 질적 분석결과의 유사성은 이타적 행동의 기저에 이타적 성격(altruistic character) 또는 도덕적 성격(moral personality)이란 기제가 작동한다는 설명이 유효함을 확증하는 것으로 이해해 볼 수 있다. 전반적으로 성격적 속성과 관련해서 본 연구의 결과를 포함한 국내외 연구 결과들은 일치된 경향성을 제시하고 있는데, 이는 안정적으로 몰입적 이타행동을 수행하는 데 있어 사회문화적 배경과 상관없이 성격적 속성 역시도 매우 의미 있게 작동하는 기제임을 확인할 수 있게 한다. 동시에 이런 결과는 이타적 행동에 대한 이후의 연구에서 성격적 속성에 대해 지속적으로 주목하며 이 기제의 작동 양상을 더욱 구체적으로 파악할 필요성이 크다는 것을 시사해 준다.

마지막으로 본 연구의 분석결과는 경험과 성격과 더불어 시민들의 몰입적 이타행동의 저변에는 도덕성 발달 및 행동 규범의 사회화의 영향력이 또 하나의 핵심 기제로 작동한다는 것을 보여주었다. 특히 인간의 바람직한 행동은 도덕성과 행동 규범 등을 연마하며 강화되는 양상이 있는데, 이러한 경향성은 몰입적 이타행동의 발현에서도 예외가 아닌 것으로 파악되었다. 이와 관련해서 인간이 도덕적 행위자로 발전할 가능성이 있는 존재임을 강조하는 맹자의 권도론과 칸트의 의무론은 흥미로운 연결점이 될 수 있다. 먼저 칸트는 인간은 이성 안에 있는 선한 의지를 계발하여 스스로를 도덕적 존재로 완성해 가는 의무를 지닌다는 것을 강조하고 맹자는 마음에 내재하는 좋은 동기를 실천함으로써 좋은 행위를 실제로 행하는 존재가 됨을 강조하였는데(황필호, 2000; 정용환, 2012; 정용환, 2014), 본 연구의 분석결과 이타적 행동 발현의 기저에 도덕적 발달 및 행동 규범의 체득이란 것이 존재하고 도덕적 발달과 도덕적 행동은 사회화 과정을 통해 보다 견고하게 구축되는 경향이 있다는 것을 제시해 주었다. 구체적으로 사회적 책임형, 진보 정치형 그리고 의분형에서 도덕적 발달의 영향 및 이웃과 함께 하는 행동 규범의 형성이 몰입적 이타행동 발현의 주요 기제임을 관찰할 수 있었다. 사회적 책임형의 유형에서 강조되는 '마땅한 도리', 진보 정치형의 유형에서 강조되는 '사회적 약자에 대한 이해와 조력'의 이념, 그리고 의분형의 유형에서 관찰되는 '형평'이나 '정의'의 강조는 몰입적 이타행동의 기저에 도덕성 발달 및 행동 규범의 사회화가 주요하게 기능할 수 있다는 것을 보여주었다. 이러한 의미 있는 결과에도 불구하고, 질적 분석의 결과는 도덕성 발달 및 행동 규범의 사회화가 어떻게 구축 및 강화되는지, 좀 더 구체적으로는 일상적 이타행동을 설명하는 데 매우 중요한 위치를 차지하고 있는 교육 및 종교 등과 어떠한 관계를 갖고 작동되는 것인지 등을 명확하고 세부적으로 밝히는 데에는 제한점을 가졌다. 예로, 해외의 연구에서는 유대교의 가르침에 기반하여 신장기증을 지지하는 Matnat Chaim이라는 NGO 활동(Rabinowich & Jotkowitz, 2018)에의 참여가 더욱 촉진되고 있음을 밝힌다. 그리고 개신교의 저변이 넓은 미국이나 천주교 국가라 할 수 있는 이탈리아와 같은 곳에서 이런 특정 종교의 종교적 가르침이 해당 사회 구성원들의 규범과 기대에 부응하는 행동을 촉진하는 토대가 된다고 논의한다(Robbins, 2004; Payton, 2004; Wuthnow, 1991; Hodgkinson, 1990). 그러나 본 연구의 질적 분석에서는 어떤 종교의 가르침이 어떻게 시민의 몰입적 이타행동을 발현 및 촉진시키게 되는지를 명확히 파악하고 분류하지는 못하였다. 이는 눈덩이 표집(snowball sampling)이 갖는 한계와 더불어 좀 더 포괄적이며 구체적으로 몰입적 이타행동의 저변과 기제를 관찰하지 못한 한계로부터 파생된 제한성일 수 있다. 향후 몰입적 이타행동에 대한 이해의 심화 및 제고를 위해 좀 더 다각적인 방법으로 자료를 구축해 내면서 보다 세밀하게 관찰하는 노력이 실행될 필요성이 있다.

제2절 한국사회 이타적 행동의 발현, 강화 및 확장을 위한 종합논의

그리 주목하진 못하였으나 한국사회 시민 삶의 다양한 장에서도 시민에 의한 다각적 방식의 이타적 행동이 발현되어져 왔다. 상대적으로 소수의 시민에 의해서만 행해져 왔고, 더 많은 시민은 이웃을 돌보는 행동을 행하지 못하며 살고 있다. 이타적 행동을 실천하지 못하고 있는 시민과 실천하는 시민을 포괄해서 이웃과 사회를 돌보는 모습 즉 이타적 행동의 전개양상을 도식화해 보면, 〈그림 4〉와 같을 것으로 사료된다. 여전히 많은 시민들은 일상적으로 행할 수 있는 이타적 행동을 실천하지 못하는 삶을 살아가고 있고, 좀 더 소수의 시민들은 이타적 행동을 일상에서 조금씩이나마 행하면서 살아가고 있으며, 아마도 더 극소수의 시민들은 매우 몰입적으로 이타적 행동을 실행하면서 살아가고 있는 양상일 것이다. 〈그림 4〉에서처럼 일상적 이타행동으로부터 시작되는 이타적 행동양태는 연속적인 형태로 전개되는 경향이 있는데, 그런 경향성에 반해 일상적 이타행동을 행하지 못하는 시민 다수가 명확히 구분되어 존재한다. 본 연구는 바로 이런 전반적 양상에 대해 관심을 갖고 이해를 좀 더 세부적으로 구축해 나가는 것에 큰 관심을 두었다. 시민의 일상적 이타행동은 행함이 없는 단계에서 행함이 있는 단계로의 변화가 가능할 수 있다는 시각

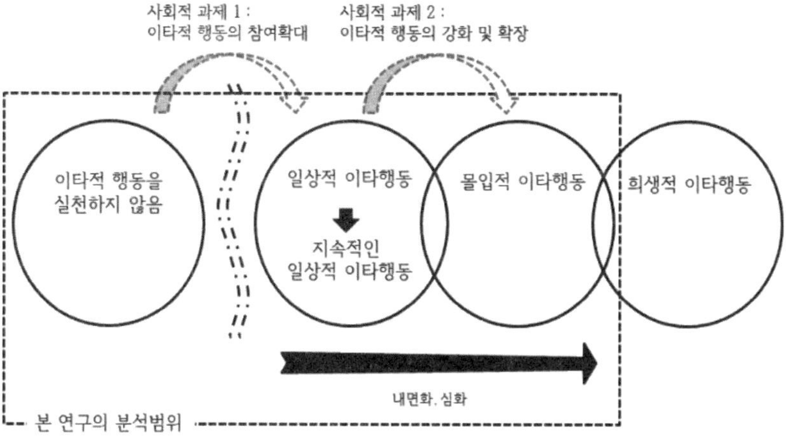

〈그림 4〉 한국사회 이타적 행동의 Continuum

에서 그리고 더 나아가서 일상적 이타행동은 일정 수준까지는 강화 및 확장될 수 있다는 시각에서 일상적 이타행동과 몰입적 이타행동의 각 단계에서 과연 무엇이 중요한 요인으로 작용하는지를 파악해 보았다. 이러한 분석을 통해 본 연구는 과연 무엇을 통해 일상적 이타행동의 발현을 촉진시킬 수 있는지 그리고 무엇을 통해 일상적 이타행동을 더욱 강화 및 확장시킬 수 있는지에 대한 이해를 모색해 보면서 시사점을 제시해 보고자 했다. 분석의 과정에서 일상적 이타행동에 대해서는 실증적 자료에 기반해서 사회적 속성에 초점을 두며 관련 요인들을 파악해 보았고, 몰입적 이타행동에 대해서는 질적 자료에 기반해서 심리사회적 속성에 초점을 두며 관련 요인들을 분석해 보았다. 본 연구는 일상적 이타행동의 발현을 촉진시킬 수 있는 요인들에 대한 분석 부분에서는 사회적 속성에 주목하였고, 몰입적 이타행동의 강화 및 확장을 이끄는 요인들에 대한 분석 부분에서는 심리사회적 속성에 주목하였다.

본 연구의 기본 시각, 즉 일상적 이타적 행동의 발현과 강화 및 확장은 연속선상에 존재할 수 있다는 시각에서 본 연구에서 제시한 결과들을 종합적으로 정리해보면 〈표 13〉과 같다.

전반적으로 볼 때, 일상적 이타행동의 실천 여부 즉 그러한 행동의 발현에 초점을 두고 이에 영향을 미치는 요인으로 공히 제시될 수 있는 것은 종교와 관련된 요인, 나눔의 이전 실천과 나눔 교육과 관련된 요인, 그리고 이타행동을 구성하는 다른 요인(예: 기부의 경우 자원봉사, 자원봉사의 경우 기부)이었다. 이들 요인이 일반 시민의 일상적 이타행동을 자극하고 발현시키는 데 영향력을 갖는 것으로 나타났다. 이런 결과는 앞의 〈그림 4〉에서 제시한 일상적 이타행동의 참여확대라는 사회적 과제와 관련해서 핵심적으로 주목할 필요성이 있는 요인이 바로 종교, 나눔교육, 이타행동의 다른 구성요인임을 시사해 준다. 다음으로 일상적 이타행동을 지속적으로 행하고 있는 시민들만을 대상으로 행동상의 차이 즉 행동의 강화에 영향을 미치는 요인이 무엇인지를 살펴보았을 때, 일상적 이타행동에서 파악되었던 요인인 종교가 영향력을 갖는 것으로 나타났다. 이런 결과는 〈그림 4〉에서 제시한 일상적 이타행동의 강화라는 사회적 과제를 모색할 때에도 핵심적으로 주목할 필요성이 있는 요인이 바로 종교라는 것을 시사해 준다. 그리고 일상적 이타행동을 지속적으로 행하고 있는 시민들의 기부기간에 대해서만 차이를 발생시키는 것으로 파악된 교육수준과 관련해서 비록 제한적인 영향요인이긴 하나 교육수준과 관련된 사회적 과제를 좀 더 진지하게 모색할 필요성이 있음을 인식할 수 있었다. 마지막으로 질적 분석을 통해 몰입적 이타행동을 실천하고 있는 전형적인 이타적 시민들에 대한 분석결과 구분된 여섯 가지의 유형에서 공통적

〈표 13〉 이타적 행동에 대한 분석결과 정리: 행동의 발현과 강화 및 확장

<table>
<tr><th colspan="2">구분</th><th>모형</th><th>핵심 요인</th><th>사회적 의미</th></tr>
<tr><td rowspan="9">양적 분석</td><td rowspan="2">일상적 이타행동 실천 여부</td><td>기부 참여</td><td>• 종교성향: 세속적 진보에 비해 종교적 진보(+)
• 나눔교육: 실천관찰(+), 자발실천(+)
• 사회적 신뢰: 비영리기관 신뢰(+)
• 자원봉사 여부: (+)</td><td rowspan="7">이타적 행동의 발현</td></tr>
<tr><td>자원봉사 참여</td><td>• 종교: 무교에 비해 천주교(+)
• 나눔교육: 자발실천(+)
• 기부 여부: (+)</td></tr>
<tr><td>일상적 이타행동 실천 여부 (해외비교)</td><td>기부 참여</td><td>• 종교성: 중도적에 비해 종교적(+)
• 정치성향: 중도에 비해 보수(-)</td></tr>
<tr><td rowspan="3">일상적 이타행동 실천 정도</td><td>기부금액</td><td>• 종교성향: 세속적 진보에 비해 종교적 진보(+)
• 나눔교육: 자발실천(+)
• 나눔대상 거리 수용도: (+)
• 자원봉사 여부: (+)</td></tr>
<tr><td>기부노력</td><td>• 종교: 무교에 비해 천주교(+)
• 나눔교육: 실천관찰(+), 자발실천(+)
• 자원봉사 여부: (+)</td></tr>
<tr><td>자원봉사 시간</td><td>• 종교: 무교에 비해 천주교(+)
• 나눔교육: 부모교육(+), 자발실천(+)
• 교육수준: 중졸에 비해 고졸(+)
• 기부 여부: (+)</td></tr>
<tr><td>일상적 이타행동 실천 정도 (해외비교)</td><td>기부금액</td><td>• 종교성: 중도적에 비해 종교적(+)
• 교육수준: 중졸에 비해 대졸(+)</td></tr>
<tr><td rowspan="2">지속적인 일상적 이타행동</td><td>기부규모</td><td>• 종교: 무교보다 종교 있음(+)</td><td rowspan="2">이타적 행동의 강화</td></tr>
<tr><td>기부기간</td><td>• 종교: 무교보다 종교 있음(+)
• 교육수준: 교육수준이 높을수록(+)</td></tr>
<tr><td rowspan="6">질적 분석</td><td rowspan="6">몰입적 이타행동</td><td>사회적 책임형</td><td>• 심리(인지 · 정서)요인: 규범, 도덕적 추론
• 유지 요인: 내적 강화</td><td rowspan="6">이타적 행동의 강화 및 확장</td></tr>
<tr><td>진보 정치형</td><td>• 심리(인지 · 정서)요인: 정치적 입장, 유사성</td></tr>
<tr><td>감정 공감형</td><td>• 심리(인지 · 정서)요인: 공감, 조망수용</td></tr>
<tr><td>경험적 연대형</td><td>• 심리(인지 · 정서)요인: 공감, 유사성
• 관계적 요인: 모델링</td></tr>
<tr><td>의분형</td><td>• 심리(인지 · 정서) 요인: 공감, 자기도식, 규범</td></tr>
<tr><td>습관적 수행형</td><td>• 성격요인: 지속성과 끈기, 자기효능감</td></tr>
</table>

인 요인으로 파악되는 것은 바로 심리적(인지 · 정서) 요인 중 공감, 유사성, 규범이었다. 이러한 요인들은 두 개의 유형이상에서 공통적으로 관찰되는 것으로 나타났다. 이 중에서도 우리 사회에서 최근 더 많은 조명을 받고 있는 공감은 감정 공감형, 경험적 연대형, 의분형에서 공통적으로 핵심 요인인 것으로 파악되었다. 이러한 결과들은 〈그림 4〉에서 제시한 이타행동의 강화 및 확장이란 사회적 과제와 관련해서 공감 등의 요인이 매우 중요한 단초가 될 수 있음을 시사해 준다. 즉 타인과 공감할 수 있는 시민, 타인의 감정을 그대로 느끼는 공감능력이 충만한 시민들로 우리 사회를 구성해 나가고 변모시켜 나가는 것이 타인을 배려하고 돌보는 마음과 행동이 가득한 미래로 가기 위해 매우 중요한 과제가 된다는 것을 제시해 준다.

제시한 도식과 표를 통해 정리된 내용을 기반으로 우리 사회를 보다 더 이타성이 충만한 사회로 변화시키기 위한 과제를 생각해 보면 다음과 같다. 첫 번째로 시민들을 대상으로 이타적 행동의 참여를 다양한 방식으로 촉발시키는 노력이 지속적으로 필요하다. 이를 위해서는 경제적 유인 기제(예, 기부에 대한 세금공제 혹은 세액공제) 등도 지속적으로 활용하고 강화시키는 노력이 필요하겠지만, 보다 더 중요한 것은 다양한 사회적 기관들(정부, 학교, NGO, NPO, 종교, 기업 등)이 이타적 행동의 일상화를 촉진시키기 위해 다각적인 협력 노력을 모색할 필요성이 있다. 어린이와 청년 및 장년에 이르기까지 나눔의 가치를 심화시키고 이의 중요성을 강조하는 나눔교육 등을 통해 이타적 행동이 발현될 수 있는 기회를 제공한다던지 혹은 나눔의 장(場)을 꾸준히 마련하고 이를 시민들과 소통하고 유도해 내는 노력을 강화시킬 수 있어야 할 것으로 본다. 예로, 일상적 이타행동에 대한 분석결과 이타행동을 구성하는 핵심 요인 각각은 쌍방적 영향력(예: 기부의 경우 자원봉사, 자원봉사의 경우 기부)의 경향성을 갖는 것으로 파악되었는데, 이는 사회기관들이 기부 및 자원봉사뿐만 아니라 다양한 일상적 이타행동의 발굴에 관심을 가지고 시민들 모두가 다양한 방식의 일상적 이타적 행동에 보다 손쉽게 접하고 실천할 수 있게 그 장을 마련해 주어 일상화된 참여가 보다 용이할 수 있도록 노력해야 함을 시사해 준다. 이러한 길을 모색할 수 있을 때, 이타적 행동의 구성 요인들은 상호 강화시키는 속성을 토대로 우리 사회에서 이타성이 더욱 크게 확산될 수 있게 이끄는 핵심 기반으로 작용할 것이라고 생각한다. 또한 종교기관들도 그들만의 종교가 아니고 사회속의 종교임을 각인하면서 사회의 성숙과 발전을 위해 기여할 수 있는 길을 이타성의 심화 및 제고 측면에서 보다 각별하게 모색하면서 종교 본연의 길에 시민들을 동참시키는 노력에 더욱 정진할 수 있어야 할 것으로 본다. 본 연구는 이타적 행동의 발현의 기저에 종교, 종교성, 나눔교육과 같은 요인들이 존재함을 파악할 수 있었는데, 향후에는 사회적 기관들이 이러한 영향 요인들을 보다 적극적으로 활용키 위한 다각적인 길들을 모색하면서 시민들의 이타적 행동이 촉발되고 실천이 더욱 장려될 수 있는 사회적 환경을 조성해 나가야 할 것이라고 본다.

두 번째는 이타적 행동의 발현과 촉발도 중요하지만 동시에 시민들이 일상적 이타행동을 지속적으로 행하면서 강화시킬 수 있도록 이끄는 노력이 다양한 차원에서 필요하다. 즉 다양한 차원에서의 강화 노력을 통해서 이타적 행동이 사회에서 지속되고 널리 확산될 수 있게 만들어야 할 과제가 있다. 다양한 자료에 대한 분석 결과, 본 연구는 인간의 일상적 이타성은 발현될 수 있고, 촉진될 수 있으며 강화되고 확산될 수 있다는 것을 인식할 수 있었다. 그리고 그러한 행동의 발현과 강화의 기저에는 인간의 심리사회적 속성도 존재하지만 동시에 이에 영향을 미치는 환경적 자극이 공히 존재할 수 있다는 사실을 인식할 수 있었다. 이와 관련해서 Bowles와 Gintis(2011), 최정규(2009) 등이 주목하는 제도(institution)의 역할과 중요성에 대한 인지와 함께 분석을 통해 지속적으로 파악되는 사회화(socialization)의 역할과 중요성에 대해 우리가 좀 더 주목할 필요성이 있음을 인지한다. 즉 일상적 이타행동의 강화가 더 많이 이뤄지고 그러한 행동이 더 확장될 수 있게 하기 위해서는 제도와 사회화 등의 기제가 보다 적극적으로 활용될 필요성이 있다. 사실 박애(philanthropy)의 기원으로 여겨지는 그리스 도시국가들에서의 공동체를 위한 기여 활동에 시민의 참여와 몰입이 집중될 수 있었던 이유는 바로 시민 공동체라는 삶의 장에서 바람직한 행동을 이끄는 힘인 공동체를 위한 기여 규범이 매우 강하게 자리 잡고 있었기 때문인 것으로 설명되고 있다(Robbins, 2006). 확실히 의미 있는 가치와 규범은 다양한 장에서의 사회화를 통해 구축되고 각인되어 사회적 기대에 맞춰 우리가 보다 바람직한 행동을 행할 수 있게 이끄는 동력이 된다고 생각한다. 이렇듯 제도와 사회화 등의 요인이 이타적 행동의 강화에 있어 매우 중요한 핵심 요인일 수 있기 때문에, 이러한 기제를 통한 노력은 필수적 과제일 수 있다. 이 부분에서 염두에 두어야 하는 것은 이런 과제를 수행하는 노력이 정부 등의 하나의 주체로 한정되어선 안 된다는 것이다. 일상적 이타행동이 시민들의 생활 속에서 발현 및 지속되고 강화 및 확장되는 사회가 구현되게 하기 위해서는 정부뿐만이 아니라 학교, 가정, 종교기관, 시민단체, 기업 등과 같은 각 장의 역할 즉 시민이 속해 생활하고 활동하는 모든 장의 역할에서 변화가 모색될 필요성이 있다. 즉 각 주체들이 이타행동과 관련된 가치와 규범의 정립에 좀 더 적극적으로 참여하는 노력 그리고 이를 통해 이타행동과 관련된 가치와 규범이 우리

사회 구성원 모두에게 더 깊고 넓게 내재화될 수 있도록 사회화시키는 역할들을 수행할 수 있어야 할 것이다. 본 연구의 분석결과를 반추해 보면, 몰입적 이타성의 경우 심리(인지와 정서)적 요인이 매우 중요하게 작동되는 것을 알 수 있는데, 좀 더 큰 시각에서 보면 이 역시도 사회적 영향력의 산물일 수도 있음을 인식할 수 있다. 대부분의 몰입적 이타행동의 유형에서 파악되는 공감, 규범, 유사성, 도덕적 추론 등의 영향 요인 역시 가정과 학교 및 사회 각 장에서의 학습 및 사회화 과정의 결과일 수 있다고 생각된다. 이런 점을 고려한다면, 우리 사회에서 타인을 이해하고 타인의 정서를 수용하며 돌보려 하는 태도 및 행동의 강화, 타인을 배려하는 바람직한 규범의 정립 및 강화 등을 위한 다양한 주체에 의한 다각적인 사회적 노력들은 매우 큰 의미를 가질 수 있을 것으로 본다. 이들의 노력들은 시민들의 이타적 행동을 더욱 강화시켜 우리 사회가 이타적 사회로 변모되게 하는 데 크게 기여할 수 있을 것으로 본다. 예를 들어, 이타성에 대한 강화 및 확장을 위해 몰입적 이타행동을 실천하는 모범적 이타주의자들의 사례들을 지속적으로 발굴하면서 시민들의 그러한 행동들에 대해 사회적으로 인정하고 감사해 하고 존경해 주는 문화를 조성하는 것 그 자체가 몰입적 이타행동이 바람직한 시민의 상으로 수용되게 하고 이타적 행동이 중요한 사회 규범으로 굳건히 자리매김해 나가는데 크게 기여할 수 있을 것으로 본다. 따라서 이러한 가능성을 향해 다양한 주체는 더욱 경진해 나가야 할 것이다. 다양한 주체들에 의한 다각적인 새로운 노력들은 헬조선, 금수저, 은수저 등과 같은 부정적인 언어가 확산되고 있는 우리의 현실에 새로운 가능성과 희망을 제공하여 우리 사회에서 지속적이며 몰입적으로 이타행동을 실천하는 모범적 시민들이 넘쳐날 수 있게 할 것이다.

제3절 연구의 제한점과 향후 과제

마지막으로 본 연구가 지니는 연구의 제한점을 정리해 보면서 이타적 행동에 대한 이해를 더욱 심화 및 확장시키기 위해 요구되는 후속 연구의 방향들에 관해 간략히 논의해 보고자 한다. 본 연구는 시민의 이타적 행동을 일상적 이타행동과 몰입적 이타행동으로 그 수준을 분류한 후 다양한 자료를 통해 각 수준의 행동을 구체적으로 분석하면서 이타적 행동에 대해 기존보다는 좀 더 구체화된 이해와 포괄적인 이해를 구축해 보고자 하였다. 이를 통해 시민의 이타적 행동에 대한 지식을 좀 더 넓히고 심화시키면서 이타적 사회로의 변환을 위한 구체적 과제가 무엇일 수 있는지를 논의해 보았다. 이렇듯 본 연구는 시민의 이타적 행동에 대한 지식 축적과 함께 사회적 과제를 구체적으로 제공하는 의미를 갖는다. 그러나 여전히 본 연구는 다음과 같은 몇 가지 제한점들을 갖는다.

첫째, 본 연구는 일상 및 몰입적 이타행동에 초점을 두고 관련 요인을 파악하는 형태로 분석을 전개하였다. 그러나 일상적 이타행동과 몰입적 이타행동을 살피는 데 있어 분석대상과 분석범위 상 차이를 갖기 때문에 좀 더 엄밀하게 연속적인 이해를 구축하는 데 있어서는 제한점을 갖는다. 즉 일상적 이타행동과 몰입적 이타행동이 어떤 연관성을 갖는지, 구체적으로는 어떤 기제를 통해 일상적 이타행동으로부터 몰입적 이타행동으로의 전이가 발생하는지에 대해서는 분석 자료의 제한으로 인해 그 내용을 정확하게 담아내지는 못하였다. 이와 관련해서는 향후 연구에서 분석대상 설정, 대상행동의 시간 범위 설정, 분석 방법의 선택 측면에서 보다 세밀한 구성을 통해 면밀하고 엄격하게 살펴볼 필요성이 있다.

둘째, 본 연구는 일상적 이타행동과 관련해서 이차자료를 활용해 사회적 요인에 초점을 두며 이들 요인을 중심으로 일상적 이타행동의 양상을 파악해 보고자 했다. 그러나 이차자료를 활용할 수밖에 없었다는 점에서 이타적 행동과 관련된 제3의 요인을 포괄시킬 수 없었던 제한성을 갖는다. 이러한 분석에서는 심리적 동인과 관련된 요인을 포함시켜 사회적 요인과의 균형 속에서 영향력을 파악하는 것이 보다 균형적이고 명확한 이해를 도모하는 데 기여할 수 있는데, 안타깝게도 자료의 제한으로 인해 그러한 시도를 행하지 못한 한계를 갖는다. 이로 인해 사회적 요인의 영향력이 과대 추정될 수 있는 제한성을 지닌다. 후속 연구에서는 본 연구에서 포괄하지 못한 다양한 변수들이 함께 분석에 투입되어 일상적 이타행동에 대해 좀 더 균형적인 이해가 구축될 수 있어야 할 것이다.

셋째, 본 연구의 양적 분석에서는 가장 전통적인 일상적 이타적 행동이라 할 수 있는 기부행동과 자원봉사행동에 초점을 두어 분석하였다. 그러나 기부와 자원봉사에 제한을 두고 일상적 이타행동을 이해하는 것은 사회에서 실제로 행해지는 다양한 일상적 이타행동 양상과 다소의 차이를 가질 수도 있다. 따라서 본 연구에서 제시된 양적 분석의 결과는 철저하게 좀 더 보편적인 일상적 이타적 행동에 대한 이해, 구체적으로는 기부행동 및 자원봉사행동의 양상에 대한 이해로 한정될 필요가 있다. 후속 연구에서 기부행동 및 자원봉사행동 외에도 우리의 삶 가운데서 행해지는 다양한 일상적 이타행동(헌혈, 도움행동, 협력행동 등)에 초점을 두는 좀 더 세분화된 자료를 구축해서 세분화된 분석이 이루어질 필요성이 있다.

넷째, 본 연구는 몰입적 이타행동을 실천하는 대표적 시민들에 대한 관찰을 위해 눈덩이 표집 방식으로 구축된 자료를 기반으로 질적 분석방식을 통해 이해의 심화를 모색하였다. 즉 이타적인 행동을 몰입적으로 행하는 경향이 있다는 시민들을 릴레이 형식으로 추천받는 눈덩이표집 방법을 사용하여 구축한 자료를 이용하였다. 그러나 이러한 자료는 우리 사회에서 몰입적으로 이타행동을 실천하는 시민들의 다양한 행동들을 모두 포괄하여 그 속성들을 포괄적으로 설명하고 제시하는 데 있어 제한성을 지닌다. 좀 더 나아가서 질적 분석의 결과에서 제시된 유형만으로는 설명되지 않는 다른 속성의 이타적 행동이 존재할 수 있는데, 이런 행동들은 본 연구의 분석에서 배제될 가능성이 있다. 최근 들어 친환경 소비방식을 포괄하는 윤리적 소비, 기부를 전제로 한 소비 방식을 포괄하는 이타적 소비(민승기, 강정석, 2013), 온라인 상에서의 다각적 형태의 도움(최상미, 박재홍, 김한성, 2015) 등과 같은 다양한 일상적 이타적 행동이 등장하고 있고 주목받고 있다. 따라서 후속연구에서는 일상적 이타적 행동이 새로운 형태로 보다 폭넓게 확장되고 있다는 점에 주목하면서 최근의 새로운 이타적 행동들까지 포괄시키면서 이러한 이타적 행동을 몰입적으로 행하는 경우들에 주목하면서 그 유형과 특성들을 보다 면밀하게 관찰하고 분석해 나갈 수 있어야 할 것이다.

마지막으로 본 연구는 이타적 사회로의 진화와 관련해서 좀 더 일반적으로 관찰되는 행동이라 할 수 있는 일상적 이타행동과 몰입적 이타행동에 초점을 맞춰 관찰하고 분석하였지만, 아쉽게도 이타적 행동의 상징처럼 여겨지고 있는 자기희생적 이타행동에 대해서는 다뤄내지 못했다. 이는 자료 확보의 용이성 문제 즉 자료 구축의 한계로 인한 것이었다. 대부분의 사회에서 희생적 이타행동의 사례들이 간헐적으로 보고되고 있는 상황이란 점을 고려해서 향후에는 이타적 행동을 보다 포괄적으로 이해하기 위해 전통적으로 주목해 온 이타행동인

희생적 이타행동에 대한 이해가 모색될 필요성이 있다. 예를 들면, 좀 더 구체적으로 관찰이 용이할 수도 있는 조혈모세포 기증 및 장기기증 등의 행동에 주목하면서 이런 행동을 행해온 시민들에 대한 이해도 구축해 내는 노력이 연구를 통해 더욱 진지하게 모색되어야 할 것이다.

인간은 결코 혼자서 살아갈 수 없고 협력해야만 생존이 가능한 존재이다. 이런 피할 수 없는 현실에서 타인과 공동체 및 사회를 위한 이타적 행동은 인간사회의 지속과 번영을 위해 필수적인 것이라 할 수 있다. 그럼에도 불구하고 자료 구축과 관찰의 제한성으로 인해 이타적 행동에 대한 포괄적 이해의 구축은 상대적으로 미흡했다. 최근 이타주의, 이타성, 이타적 행동에 대한 논의들과 함께 다양한 학문 영역에서 이들 주제에 대한 연구가 활발하게 진행되고 있는데, 이는 참으로 바람직한 현상이라 할 수 있다. 다시 강조하지만 인간사회의 진화와 발전을 가능케 하는 핵심 동력은 바로 이타적 행동이라 할 수 있기 때문에, 향후에도 이에 대한 연구는 보다 적극적이며 다각적으로 모색되어져야 할 것이다. 이러한 중요성에 대한 인식에 기반한 본 연구는 비록 제한점을 갖긴 하지만 기존연구가 지녔던 미흡한 점을 극복해 보기 위해 이타적 행동에 대해 다각적으로 탐색하며 좀 더 구체적이고 확장된 이해를 모색해 보았다. 향후 후속연구를 통해 인간의 이타적 행동에 대해 보다 세부적이며 포괄적인 이해가 구축되길 희망한다. 동시에 이타적 행동에 대한 이해를 기반으로 이를 발현시키고 강화 및 확장하는 데 기여하는 사회적 노력들이 다양한 주체들에 의해 더욱 적극적이며 진지하게 실행될 수 있게 되길 기대해 본다.

| 참고문헌 |

강정한(2013). 현대 사회 이론의 생물학적 전환. **사회와이론**, 105-134.

강철희 · 고언정 · 정혜영(2009). 기부노력에 대한 기부동기와 기부대상 인지매체의 상호작용 효과에 관한 연구. **한국사회복지행정학**, 11(2), 215-254.

강철희 · 김유나 · 조주희(2010). 기부충성도를 지닌 인구집단 특성에 관한 탐색적 연구. **한국사회복지행정학**, 12(1), 205-234.

강철희 · 김새로미 · 이종화(2017). 노인의 나눔행동 영향요인 연구. **노인복지연구**, 72(3), 429-456.

강철희 · 박태근(2014). 가구재정 지표와 기부의 관계에 관한 연구: 기부영역에 따른 비교. **사회복지정책**, 41(3), 1-25.

강철희 · 양진옥(2008). 비영리기관 온라인 기부 증액자의 기부 증액행동에 관한 연구 —정기기부자의 증액빈도 예측요인에 대한 분석. **한국비영리연구**, 7, 169-207.

강철희 · 유재윤 · 박소현(2012). 기부와 자원봉사에의 참여 행동에 관한 연구. **한국사회복지학**, 64(2), 273-298.

강철희 · 조승종 · 안성호(2011). 저소득층의 기부 행동에 관한 연구. **한국사회복지행정학**, 13(3), 88-120.

강철희 · 주명관(2008). 한국인의 기부참여 행동에 관한 연구. **한국사회복지행정학**, 10(1), 1-38.

강철희 · 박태근 · 오장용(2016). 정기 기부자의 기부 지속과 중단에 관한 연구. **한국사회복지행정학**, 18(3), 153-175.

강철희 · 최명민 · 김수연(2012). 기부노력에 영향을 미치는 요인에 관한 연구. **한국사회복지행정학**, 14(2), 57-82.

강철희 · 편창훈 · 오장용(2015). 가구 단위 종교적 기부 및 상호부조적 기부의 자선적 기부와의 관계에 관한 연구. **한국사회정책**, 22(2), 195-226.

강철희 · 허영혜 · 최영훈(2013). 종교와 기부행동의 관계에 대한 연구. **한국사회복지학**, 65(4), 341-365.

구춘서(2009). 우리는 이웃을 사랑할 수 있는가?: 이타적 사랑에 대한 자연과학과 그리스도교 신학의 입장 비교. **한국조직신학논총**, 24, 149-176.

국립국어원(2008). **표준국어대사전**. 서울: 두산동아.

김동현(2015). **인간의 이타성에 대한 고찰: 사회생물학과 신학적 인간학 비교**. 석사학위논문, 대구가톨릭대학교 대학원.

김봉철 · 최명일 · 김유미(2012). TV 자선모금 프로그램에 대한 수용자의 정서적 · 인지적 관여가 기부의도에 미치는 영향. **미디어 경제와 문화**, 10(3), 48-88.

김성한(2006). 진화생물학에서의 이기성과 이타성이라는 용어 사용의 문제. **철학논총**, 44, 31-51.

김연진(1993). **기독교 대학생의 신앙정도에 따른 이타성 연구**. 석사학위논문. 고려대학교.

김영기(2013). 노인요양시설에 대한 기부자의 기부지속의사 결정요인에 관한 연구. **한국자치행정학보**, 27(2), 307-335.

김용훈 · 류리나 · 한성열(2012). 도움행동을 높이기 위한 방안 모색, **한국심리학회지: 문화 및 사회문제**. 18(3), 349-366.

김유정 · 최인희(2014). 계획된 행위이론에 근거한 대학생의 헌혈의도 및 헌혈행위 예측요인. **한국산학기술학회 논문지**, 15(6), 3789-3798.

김은희(2015). 콜버그의 정의 윤리와 길리건의 돌봄 윤리 논쟁에 대한 한 해석. **철학연구**, 109, 51-85.

김준홍(2015). 인간의 협동을 어떻게 설명할 것인가: 문화적 집단 선택론을 중심으로. **한국문화인류학**, 48(1), 3-38.

김지혜 · 정익중(2012). 기부행동과 자원봉사활동은 중복적 보완관계인가? 보충적 대체관계인가?. **한국사회복지학**, 64(2), 133-158.

김항인(1999). 친 사회적 행동과 도덕성 발달. **도덕윤리과교육연구**, (10), 246-260.

김태홍 · 김난주 · 권태희(2007). 한국 자원봉사활동의 결정요인과 경제적 가치평가. **한국인구학**, 30(3), 83-105.

권영미 · 윤은자(2003). 장기기증 희망자의 의사결정 경험. **성인간호학회지**, 15(2), 256-266.

류혜숙(2014). 도덕과 교육의 통합적 접근 ―배려윤리를 중심으로. **윤리연구**, 96, 289-315.

민승기 · 강정석(2013). 도덕적 자기 조절이 연속되는 이타적 소비행동에 미치는 영향. **한국심리학회 학술대회 자료집**, 2013(1), 419-419.

박경배 · 박상천(2010). 재난영화를 통해 본 '희생'의 심리학. **인문콘텐츠**, (18), 281-312.

박병춘(2013). 정의윤리와 배려윤리의 상호 관련성 연구. **윤리연구**, 93, 161-186.

박이문(2014). **왜 인간은 남을 도우며 살아야 하는가: 이타주의에 대한 철학적 성찰**. 서울: 소나무.

박일준(2009). 이기주의와 이타주의 논쟁: 도킨스와 윌슨의 논쟁 ―사이의 관점에서. **한국조직신학논총**, 23, 215-248.

서영심 · 이영희(2009). 장기기증희망자의 장기기증과 장기이식에 대한 지식과 태도. **임상간호연구**, 15(3), 95-105.

송기영 · 김욱진(2017). 자원봉사활동의 지속성에 관한 연구. **한국콘텐츠학회논문지**, 17(4), 444-460.

송명자(1995). **발달심리학**. 서울: 학지사.

신경림(2004). **질적 연구 방법론**. Ewha Womans University Press.

신경림 · 조명옥 · 양진향 외(2004). **질적연구방법론**. 서울: 이화여자대학교 출판부.

안환기(2014). 이타적 행위의 중층적 의미. **인문사회 21**, 5(2), 1-17.

유재연(2016). **비혈연 조혈모세포 공여자의 기증 경험**. 연세대학교 석사학위논문.

이경혜 · 황지민(2013). 젠더별 자원봉사행동에 대한 영향요인 탐색연구. **한국사회복지행정학**, 15(4), 173-200.

이동렬 · 강철희(2002). 대표적 이타주의자들의 특성. **성곡논총**, 33(3), 353-415.

이상철 · 홍환 · 박언하(2010). 정기적 기부 및 자원봉사 제고 방안 연구. **한국사회복지행정학**, 12(1), 117-149.

이성록(2002). 자원봉사행동에 대한 다차원적 동인의 영향력. **사회복지실천**, 1, 215-274.

이정은(2009). 현대 여성주의 철학에서 보살핌 윤리—실천적 판단에서 특수 윤리와 보편 윤리의 전환 가능성. **한국여성철학**, 11, 143-171.

이종건 외(2014). 학문명 백과. 형설출판사, 네이버 백과

이지연(2003). **모범적 이타주의자들의 특성**. 박사학위논문, 이화여자대학교 대학원.

이진용 · 이유나 · 정윤재(2015). 개인의 정치성향이 친사회적 행동에 미치는 영향. **한국심리학회지: 소비자 · 광고**, 16(3), 415-432.

이청규(2014). [선사고고학] 선사시대의 생계전략과 사회구조의 변천. **역사학보**, 223, 373-392.

이한구(2000). 진화론이 제기한 이기주의와 이타주의 논쟁. **철학과 현실**, 150-165.

이홍우(1996). 인간본성론. **교육이론**, 10(1), 1-21.

이홍후 · 장성모(2000). **교육의 동양적 전통**. 서울: 성경재.

이현기(2013). 한국 노인 자원봉사자의 특성, 횟수와 시간, 그리고 자원봉사 영향요인 연구. **노인복지연구**, 62, 317-343.

유재연(2016). **비혈연조혈모세포 기증자 기증경험에 대한 연구**. 연세대학교 석사학위논문.

전신현(2017). 헌혈의도의 주요 설명요인들의 검증. **보건과 사회과학**, 45, 65-87.

정용환(2012). 맹자 권도론의 덕 윤리학적 함축. **동양철학연구**, 72, 57-94.

정용환(2014). 맹자철학에서 유덕자의 윤리학적 함의. **동양철학연구**, 77,

163-197.
정인서 · 김민수 · 최갑열(2008). 윤리풍토가 개인특성을 통해 조직시민행동에 미치는 간접효과에 관한 연구. **한국비즈니스리뷰**, 1(1), 69-89.
정혜영(2003). 대표적 이타주의자들과 일반 사람들의 긍정적 착각 비교.
조용환(1999). **질적 연구: 방법과 사례**. 서울: 교육과학사.
조윤형 · 최우재(2010). 조직구성원들의 가치성향이 조직시민행동에 미치는 영향. **인적자원관리연구**, 17, 403-429.
조휘일(1991). 한국사회복지분야의 자원봉사 행동과 관련된 개인 및 조직특성에 관한 연구. **한국사회복지학**, 18, 117-151.
최상미 · 박재홍 · 김한성(2015). 온라인 기부 경험이 10대 청소년의 기부 접근성, 시민의식, 향후 기부 의향에 미치는 영향에 대한 연구. **한국사회복지행정학**, 17(4), 57-84.
최정규(2009). **이타적 인간의 출현**. PURIWA IPARI.
최재천, 이토 요시아키(伊藤嘉昭), 정상모, 이을상, 오용득, 강남욱, 백영제, 안호영, 조용현, 박준건(2008), **사회생물학, 인간의 본성을 말하다.** 산지니.
하영수 · 김한양(2015). 지역사회 주민의 자원봉사정책 인식도에 관한 연구. **한국지역사회복지학**, 52, 53-85.
한주희 · 고민정(2015). 조직 윤리풍토가 구성원의 윤리적 행동과 웰빙에 미치는 영향. **대한경영학회지**, 28(11), 2829-2849.
홍은진(2005). 기부참여와 기부규모에 영향을 미치는 요인에 대한 연구. **한국사회복지행정학**, 7(3), 123-152.
황윤용 · 오민정 · 정진철(2013). 젊은세대와 시니어세대간 기부의도에 관한 비교연구. **경영학연구**, 42(6), 1715-1736.
황필호(2000). 맹자와 칸트의 비교. **철학논총**, 20, 189-209.
황창순(2001). 개인 기부의 결정요인에 관한 연구: 2000년 기부조사 데이터를 중심으로. **한국비영리학회 학술대회**, 45-63.

Adler, A. (1964). *Social interest: A challenge to mankind* (Vol. 108). New York:

Capricorn Books.

Afifi, W. A., Morgan, S. E., Stephenson, M. T., Morse, C., Harrison, T., Reichert, T., & Long, S. D. (2006). Examining the decision to talk with family about organ donation: Applying the theory of motivated information management. *Communication Monographs*, *73*(2), 188-215.

Aknin, L. B., Barrington-Leigh, C. P., Dunn, E. W., Helliwell, J. F., Burns, J., Biswas-Diener, R., … & Norton, M. I. (2013). Prosocial spending and well-being: Cross-cultural evidence for a psychological universal. *Journal of Personality and Social Psychology*, *104*(4), 635.

Aknin, L. B., Broesch, T., Hamlin, J. K., & Van de Vondervoort, J. W. (2015). Prosocial behavior leads to happiness in a small-scale rural society. *Journal of Experimental Psychology: General*, *144*(4), 788.

Allport, G. W., Clark, K., & Pettigrew, T. (1954). The nature of prejudice.

Amato, P. R. (1990). Personality and social network involvement as predictors of helping behavior in everyday life. *Social Psychology Quarterly*, 31-43.

Andreoni, J. (2006). Philanthropy. *Handbook of the economics of giving, altruism and reciprocity*, *2*, 1201-1269.

Andreoni, J., Brown, E., & Rischall, I. (2003). Charitable giving by married couples who decides and why does it matter?. *Journal of human Resources*, *38*(1), 111-133.

Bar-Tal, D. (1976). Prosocial behavior: Theory and research.

Bar-Tal, D. (1982). Sequential development of helping behavior: A cognitive-learning approach. *Developmental Review*, *2*(2), 101-124.

Baron, R. A., & Byrne, D. E. (1984). *Social psychology: Understanding human interaction*. Allyn & Bacon.

Batson, C. D., & Shaw, L. L. (1991). Evidence for altruism: Toward a pluralism of prosocial motives. *Psychological inquiry*, *2*(2), 107-122.

Batson, C. D. (1998). *Altruism and prosocial behavior*. Handbook of Social Psychology, 1, 282-316.

Batson, C. D., Sager, K., Garst, E., Kang, M., Rubchinsky, K., & Dawson, K. (1997). Is empathy-induced helping due to self–other merging?. *Journal of personality and social psychology*, *73*(3), 495.

Batson, C. D., & Oleson, K. C. (1991). Current status of the empathy-altruism hypothesis.

Batson, C. D. (2014). *The altruism question: Toward a social-psychological answer*. Psychology Press.

Becker, G. S. (1976). Altruism, egoism, and genetic fitness: Economics and sociobiology. *Journal of economic Literature*, *14*(3), 817-826.

Bekkers, R. H. F. P. (2005, November). Charity begins at home: How socialization experiences influence giving and volunteering.

Bekkers, R., & Wiepking, P. (2011). A literature review of empirical studies of philanthropy: Eight mechanisms that drive charitable giving. *Nonprofit and voluntary sector quarterly*, *40*(5), 924-973.

Bekkers, R. H. (2007). Measuring altruistic behavior in surveys: The all-or-nothing dictator game.

Belfield, C. R., & Beney, A. P. (2000). What determines alumni generosity? Evidence for the UK. *Education Economics*, *8*(1), 65-80.

Bernhard, H., Fischbacher, U., & Fehr, E. (2006). Parochial altruism in humans. *Nature*, *442*(7105), 912.

Berkowitz, L., & Daniels, L. R. (1963). Responsibility and dependency. *The Journal of Abnormal and Social Psychology*, 66(5), 429.

Bierhoff, H. W. (2001). Responsibility and altruism: The role of volunteerism. *Responsibility-theMany Faces of a Phenomenon*, 149-166.

Blum, L., & Friendship, A. (1980). Morality. *London: & Kegan Paul*, *73*, 72-73.

Boyd, R., & Richerson, P. J. (1990). Group selection among alternative evolutionarily stable strategies. *Journal of Theoretical Biology*, 145(3), 331-342.

Bowles, S., & Gintis, H. (2004). The evolution of strong reciprocity: cooperation in heterogeneous populations. *Theoretical population biology*, 65(1), 17-28.

Bowles, S. (2009). *Microeconomics: behavior, institutions, and evolution*. Princeton University Press.

Bowles, S., & Gintis, H. (2011). *A cooperative species: Human reciprocity and its evolution*. Princeton University Press.

Brase, G. L. (2017). Emotional reactions to conditional rules of reciprocal altruism. *Evolutionary Behavioral Sciences*, *11*(4), 294.

Brown, D. E. (1991). *Human universals* (p.118). New York: McGraw-Hill.

Brown, E., & Ferris, J. M. (2007). Social capital and philanthropy: An analysis of the impact of social capital on individual giving and volunteering. *Nonprofit and voluntary sector quarterly*, *36*(1), 85-99.

Carballo, D. M. (Ed.). (2012). Cooperation and collective action: archaeological perspectives. University Press of Colorado.

Chalmers, J. B., & Townsend, M. A. (1990). The effects of training in social perspective taking on socially maladjusted girls. *Child Development*, *61*(1), 178-190.

Chang, W. C. (2005). Religious giving, non-religious giving, and after-life consumption. *The BE Journal of Economic Analysis & Policy*, 5(1).

Cialdini, R. B., Schaller, M., Houlihan, D., Arps, K., Fultz, J., & Beaman, A. L. (1987). Empathy-based helping: Is it selflessly or selfishly motivated?. *Journal of personality and social psychology*, *52*(4), 749.

Cialdini, R. B., Brown, S. L., Lewis, B. P., Luce, C., & Neuberg, S. L. (1997). Reinterpreting the empathy–altruism relationship: When one into one equals oneness. *Journal of personality and social psychology*, *73*(3), 481.

Comte, A. (1851). System of positive polity: Or, treatise on sociology, instituting the religion of humanity.

Darwin, C. (2004). *On the origin of species, 1859*. Routledge.

Dach-Gruschow, K. O. (2011). *Peace on earth and goodwill toward men: Altruism of long term volunteers*. University of Illinois at Urbana-Champaign. Dissertation.

Dawkins, R. (1976). *The selfish gene Oxford university press*. New York, New York, USA.

Dawkins, R. (2006). **이기적 유전자**. 서울: 을유문화사. (원전은 2002년에 출판).

de Posada, C. V., & Vargas-Trujillo, E. (2015). Moral reasoning and personal behavior: A meta-analytical review. *Review of General Psychology*, *19*(4), 408-424.

Dent, H. S. (2014). The demographic cliff : How to survive and prosper during the great deflation of 2014-2019. Penguin.

Dye, D. (2009). War paths, peace paths: An archaeology of cooperation and conflict in native eastern North America. Rowman Altamira.

Eigenberg, N. (1986). *Altruistic emotion, cognition, and behavior*. NJ: Hillsdale.

Eisenberg, N., & Miller, P. A. (1987). The relation of empathy to prosocial and related behaviors. *Psychological bulletin*, *101*(1), 91.

Ellithorpe, M. E., Ewoldsen, D. R., & Oliver, M. B. (2015). Elevation (sometimes) increases altruism: Choice and number of outcomes in elevating media effects. *Psychology of Popular Media Culture*, *4*(3), 236-250.

Feldman, N. E. (2010). Time is money: Choosing between charitable activities. American Economic Journal: *Economic Policy*, *2*(1), 103-130.

Ferguson, E. (1996). Predictors of future behaviour: A review of the psychological literature on blood donation. *British Journal of Health Psychology*, *1*(4), 287-308.

Ferguson, E., Farrell, K., & Lawrence, C. (2008). Blood donation is an act of benevolence rather altruism. *Health Psychology*, *27*(3), 327-336.

Ferguson, R. B. (1997). Violence and war in prehistory. Troubled times: Violence and warfare in the past, 3.

Frimer, J. A., Walker, L. J., & Dunlop, W. L., Lee, B. H., & Riches, A. (2011). The integration of agency and communion in moral personality: Evidence of enlightened self-interest.*Journal of Personality and Social Psychology*, *101*(1), 149-163.

Fultz, J., Batson, C. D., Fortenbach, V. A., McCarthy, P. M., & Varney, L. L. (1986). Social evaluation and the empathy–altruism hypothesis. *Journal of personality and social psychology*, *50*(4), 761.

Galinsky, A. D., Ku, G., & Wang, C. S. (2005). Perspective-taking and self-other overlap: Fostering social bonds and facilitating social coordination. *Group Processes & Intergroup Relations*, *8*, 109-124.

Geen, R. G. (1998). *Aggression and antisocial behavior*. In D. T. Gilbert, S. T. Fiske & G. Lindzey(Eds.), *The Handbook of Social Psychology* (pp.317-356), New York: McGraw-Hill.

Gilligan, C. (1982). *In a different voice: Psychological theory and women's development*. Cambridge: Harvard University Press.

Gould, S. J. (1976). View of Life-ladders, bushes, and human evolution. *Natural history, 85*(4), 24.

Griffin, D., Grace, D., & O'Cass, A. (2014). Blood donation: Comparing individual characteristics, attitudes, and feelings of donors and nondonors. *Health Marketing Quarterly*, *31*, 197-212.

Gumerman, G. J., Swedlund, A. C., Dean, J. S., & Epstein, J. M.

(2003). The evolution of social behavior in the prehistoric American Southwest. Artificial life, 9(4), 435-444.

Hall, P. A., & Taylor, R. C. (1996). Political science and the three new institutionalisms. *Political studies*, *44*(5), 936-957.

Hamilton, W. D. (1963). The evolution of altruistic behavior. *The American Naturalist*, *97*(896), 354-356.

Hamilton, W. D. (1964). The genetical evolution of social behaviour. II. Journal of theoretical biology, 7(1), 17-52.

Hamilton, W. D. (1966). The moulding of senescence by natural selection. *Journal of theoretical biology*, *12*(1), 12-45.

Hartman, A. C., & Morse, B. S. (2015). *Wartime violence, empathy, and intergroup altruism: Evidence from the Ivoirian refugee crisis in Liberia*. Retrieved from http://cega.berkeley.edu/

Havens, J. J., O'Herlihy, M. A., & Schervish, P. G. (2006). *Charitable giving: How much, by whom, to what, and how*. *The nonprofit sector:* A research handbook, 2, 542-567.

Hoffman, M. L. (1975). Developmental synthesis of affect and cognition and its implications for altruistic motivation. *Developmental Psychology*, *11*(5), 607.

Hoffman, M. L. (1981). Is altruism part of human nature? *Journal of Personality and Social Psychology*, *40*, 121-137.

Hoffman, M. L. (1982). Development of prosocial motivation: Empathy and guilt. In *The development of prosocial behavior* (pp. 281-313).

Hoffman, M. L. (1992). *Development of prosocial motivation: Empathy and guilt*. In N. Eisenberg (Eds.), The Development of Prosocial Behavior. New York: Academic Press.

Houston, D. J. (2005). "Walking the walk" of public service motivation: Public employees and charitable gifts of time, blood, and money. *Journal of Public Administration Research and Theory*, *16*(1), 67-86.

Hobbes, T. (1962). 1651/1968. Leviathan. *Collected English Works of Thomas Hobbes*.

Janssens, J. M. A. M., & Dekovic, M. (1997). Child rearing, prosocial moral reasoning, and prosocial behavior. *International Journal of Behavioral Development*, *20*, 509-527.

Kernberg, O. F. (1979). Some implications of object relations theory for psychoanalytic technique. *Journal of the American Psychoanalytic Association*, *27*, 207-239.

Kerr, B., Godfrey-Smith, P., & Feldman, M. W. (2004). What is Altruism?. *Trends in Ecology and Evolution, 19*, 135-140.

Kohlberg, L. (1981). *The philosophy of moral development: Moral stages and the idea of justice*. Cambridge: Harper & Row.

Kosek, R. B. (1995). Measuring prosocial behavior of college student. *Psychological Reports, 77*, 739-742.

Krebs, D. L. (1970). Altruism: An examination of the concept and a review of the literature. *Psychological Bulletin*, *73*, 258-302.

Landes, W. M., & Posner, R. (1977). *Altruism in law and economics*.

Lemmens, K. P. H., Abraham, C., Hoekstra, T., Ruiter, R. A. C., De Kort, W. L. A. M., Brug, J., & Schaalma, H. P. (2005). *Why don't young people volunteer to give blood?* An investigation of the correlates of donation intentions among young nondonors. *Transfusion, 45*, 945-955.

Macaulay, J., & Berkowitz, L. (Eds.). (1970). *Altruism and helping behavior: Social psychological studies of some antecedents and consequences*. Academic Press.

Maner, J. K., Luce, C. L., Neuberg, S. L., Cialdini, R. B., Brown, S., & Sagarin, B. J. (2002). The effects of perspective taking on motivations for helping: Still no evidence for altruism. *Personality and Social Psychology Bulletin*, *28*, 1601-1610.

Margolis, H. (1982). Selfishness, altruism and rationality. Cambridge UniversityPress.(Paper reprint 1984, University of Chicago Press). [HM](2000). *Self-interest and social motivation(Working Paper)*.

Marlowe, F. W. (2005). Hunter-gatherers and human evolution. Evolutionary Anthropology: Issues, News, and Reviews: Issues, News, and Reviews, 14(2), 54-67.

Marshall, A., & Marshall, M. P. (1920). The economics of industry. Macmillan and Company.

Maruyama, G., Fraser, S. C., & Miller, N. (1982). Personal responsibility and altruism in children. *Journal of Personality and Social Psychology*, *42*, 658-664.

McAuliffe, W. H. B., Forster, D. E., Philippe, J., & McCullough, M. E.

(2017). Digital altruists: Resolving key questions about the empathy-altruism hypothesis in an internet sample. *Emotion*, 1-14.

McCormack, L., Joseph, S., Hagger, M. S. (2009). Sustaining a positive altruistic identity in humanitarian aid work: A qualitative case study. *Traumatology*, *15*(2), 109-118.

McDougall, W. (1908). An investigation of the colour sense of two infants. British*Journal of Psychology*, *2*(4), 338-352.

McWilliams, N. (1984). The psychology of the altruist. *Psychoanalytic Psychology*, *1*(3), 193.

Mead, M. (1950). *Male and Female*. NY: William Morrow and Co.

Midlarsky, E., & Hannah, M. E. (1989). The generous elderly: naturalistic studies of donations across the life span. *Psychology and aging*, *4*(3), 346.

Moorman, R. H., & Blakely, G. L. (1995). Individualism-collectivism as an individual difference predictor of organizational citizenship behaviors. *Journal of Organizational Behavior*, *16*, 127-142.

Murphy, L. B. (1937). *Social Behavior and Child Personality*. NY: Columbia University Press.

Musick, M. A., & Wilson, J. (2007). *Volunteers: A social profile*. Indiana University Press.

Mussen, P. (1982). *Personality development and liveral sociopolitical attitudes*. In N. Eigenberg (Eds.), The development of prosocial behavior (pp.363-376). New York: Academic Press.

Mussen, P., & Eisenberg-Berg, N. (1977). *Roots of caring, sharing, and helping*. San Francisco: W. H. Freeman.

Myers, M. W., & Hodges, S. D. (2011). The structure of self-other overlap and its relationship to perspective taking. *Personal Relationships*, *19*, 663-679.

Oda, P., Machii, W., Takagi, S., Kato, Y., Takeda, M., Kiyonari, T., Fukukawa, Y., & Hiraishi, K. (2014). Personality and altruism in daily life. *Personality and Individual Differences*, *56*, 206-209.

Okun, M. A., Schultz, A. (2003). Age and motives for volunteering: Testing hypotheses derived from socioemotional selectivity theory. *Psychology and Aging*, *18*(2), 231-239.

Oliner, S. P., & Oliner, P. M. (1988). *The altruistic personality: Rescuers of Jews*

in Nazi Europe. New York: Free Press.
Oliver, M. B., & Bartsch, A. (2011). Appreciation of entertainment: The importance of meaningfulness via virtue and wisdom. *Journal of Media Psychology: Theories, Methods, and Applications*, *23*, 29-33.
Oliver, M. B., Hartmann, T., & Woolley, J. K. (2012). Elevation in response to entertainment potrayals of moral virtue. *Human Communication Research*, *38*, 360-378.
Ostrum, E. (1990). *Governing the commons*. Cambridge University- Press, Cambridge.
O'Herlihy, M. A., Havens, J. J., & Schervish, P. G. (2006). Charitable Giving: How Much, By Whom, To What, and How?. *The nonprofit sector. A research handbook*, 542-567.
Patnaik, D. (2010). **와이어드: 우리가 그들이고 그들이 곧 우리다**. 서울: 이상미디어. (원전은 2009년에 출판).
Piaget, J. (1932). *The moral development of the child*. Kegan Paul, London.
Piliavin, J. A. (1990). Why do they give the gift of life? A review of research on blood donors since 1977. *Transfusion*, 30(5), 444-459.
Piliavin, J. A., Callero, P. L., & Evans, D. E. (1982). Addiction to altruism? Opponent-process theory and havitual blood donation. *Journal of Personality and Social Psychology*, *43*, *1200-1213*.
Putnam, R. D. (2000). Bowling alone: America's declining social capital. In *Culture and politics* (pp.223-234). Palgrave Macmillan, New York.
Rabinowich, A., & Jotkowitz, A. (2018). Alturism and religion: A new paradigm for organ donation. *Journal of Religion and Health*, *57*, 360-365.
Reed, P. B., & Selbee, L. K. (2001). The civic core in Canada: Disproportionality in charitable giving, volunteering, and civic participation. *Nonprofit and voluntary sector quarterly*, *30*(4), 761-780.
Regnerus, M. D., Smith, C., & Sikkink, D. (1998). Who gives to the poor? The influence of religious tradition and political location on the personal generosity of Americans toward the poor. *Journal for the Scientific Study of Religion*, 481-493.
Robbins, K. C. (2006). *The nonprofit sector in historical perspective: Traditions of philanthropy in the West*. The nonprofit sector: A research handbook, 26.

Rushton, J. P. (1980). *Altruism, socialization, and society*. Prentice- Hall.

Rushton, J. P., & Sorrentino, R. M. (1981). *Altruism and helping behavior: Social, personality, and developmental perspectives*. Lawrence Erlbaum Associates.

Sharabany, R. (1984). The development of capacity for altruism as a function of object relationships development and vicissitudes. In M. J. Lerner (Eds.), *Development and Maintenance of Prosocial Behavior* (pp.201-269). NY: Plenum Press.

Shaw, A., Choshen-Hillel, S., & Caruso, E. M. (2016). The development of inequity aversion: Understanding when (and why) people give others the vigger piece of the pie. *Psychological Science*, *27*(1), 1352-1359.

Simmons, R. G. (1991). Presidential address on altruism and sociology. *The Sociological Quarterly*, *32*(1), 1-22.

Simmons, W. O., & Emanuele, R. (2004). *Does government spending crowd out donations of time and money?*. Public Finance Review, 32(5), 498-511.

Singer, P. (2015). **효율적 이타주의자**. 서울: 21세기북스.

Sober, E., & Wilson, D. S. (1998). Unto others: The evolution and psychology of unselfish behavior (No. 218). Harvard University Press.

Staub, E. & Vollhardt, J. (2008). Altruism born of suffering: The roots of caring and helping after victimization and other trauma. *American Journal of Orthopsychiatry*, *78*(3), 267-280.

Staub, E. (1991). Altruistic and moral motivations for helping and their translation into action. *Psychological Inquiry*, *2*(2), 150-153.

Taniguchi, H. (2006). Men's and women's volunteering: Gender differences in the effects of employment and family characteristics. *Nonprofit and voluntary sector quarterly*, *35*(1), 83-101.

Trivers, R. L. (1971). The evolution of reciprocal altruism. *The Quarterly Review of Biology*, *46*(1), 35-57.

Underwood, B., & Moore, B. (1982). Perspective-taking and altruism. *Psychological Bulletin*, *91*(1), 143.

Van Slyke, D. M., & Brooks, A. C. (2005). Why do people give? New evidence and strategies for nonprofit managers. *The american Review of Public Administration*, *35*(3), 199-222.

Vollhard, J. R., & Staub, E. (2011). Inclusive altruism born of suffering: The relationship between adversity and prosocial attitudes and behavior toward disadvantaged outgroups. *American Journal of Orthopsychiatry*, *81*(3), 307-315.

Wade, M. J. (1978). A critical review of the models of group selection. The Quarterly Review of Biology, 53(2), 101-114.

Whiting, B. B., & Whiting, J. W. M. (1975). *Children of Six Cultures: A Psychocultural Analysis*. Cambridge: Harvard University Press.

Wildman, J., & Hollingsworth, B. (2009). Blood donation and the nature of altruism. *Journal of Health Economics*, *28*, 492-503.

Wilhelm, M. O. (2006). New data on charitable giving in the PSID. *Economics Letters*, *92*(1), 26-31.

Williams, G. C. (2008). *Adaptation and natural selection: A critique of some current evolutionary thought*. Princeton University Press.

Wilson, E. O.(1975) *Sociobiology*. The New Synthesis (Belk-nap/ Harvard University Press, Cambridge, MA).

Wilson, J., & Janoski, T. (1995). The contribution of religion to volunteer work. *Sociology of religion*, *56*(2), 137-152.

Wright, B. A. (1942). Altruism in children and the perceived conduct of others. *The Journal of Abnormal and Social Psychology*, *37*(2), 218.

Yinon, Y. (1979). Perceived deprivation of material and non- material rewards as related to altruistic behavior among young adolescents. International *Journal of Behavior Development, 2,* 287-295.

| 찾아보기 |

아산재단연구총서

001 전환기의 중국경제
김윤환 외 | 단국대 경제학과

002 폴란드 경제의 변천 개혁과 그 전망
김광수 | 숭실대 경제학과

003 재소한인
이광규 외 | 서울대 인류학과

004 소련산림과 임업
홍성천 외 | 경북대 임학과

005 아세안의 정치경제
김국진 외 | 외교안보연구원

006 태국의 사회변동과 경제발전
최석만 외 | 전남대 사회학과

007 중국의 사회경제 통계분석
신한풍 외 | 고려대 통계학과

008 중국의 정치와 경제
박두복 외 | 외교안보연구원

009 동유럽의 개혁과 시장경제의 도입
허만 외 | 부산대 사범대학

010 동유럽의 개혁운동
박영신 | 연세대 사회학과

011 현대 러시아 연구
기연수 외 | 한국외대 노어과

012 전략적 선택과 기업의 국제경쟁력
이장호 | 서강대 경영대학

013 협동사회의 정착과 정부의 역할
이종범 외 | 고려대 행정학과

014 한국 제조기업 생산성의 동적 분석
노부호 외 | 중앙대 경영대학

015 분배의 정의
변형윤 외 | 서울대 경제학과

016 도덕적 행동의 강화
이훈구 외 | 연세대 심리학과

017 관료부패와 통제
김해동 외 | 서울대 행정대학원

018 한국경제의 내실 있는 성장
정창영 외 | 연세대 경제학과

019 한국국민정신운동의 역사와 발전방향
박수명 외 | 부산대 사범대학

020 한국대학생의 가치성향과 상담효과
이영희 외 | 숙명여대 교육학과

021 가출청소년과 학교관리체제
안창규 외 | 부산대 교육학과

022 동북아 정세변화와 한 · 일관계
한승조 외 | 고려대 정치외교학과

023 언론과 부정부패
정대철 외 | 한양대 신문방송학과

024 한국의 고등학교 교육
이원호 외 | 부산대 교육학과

025 가족과 방송
김학수 외 | 서강대 신문방송학과

026 재정개혁의 전망과 재산세제의 개편과제
오연천 | 서울대 행정대학원

027 청소년을 위한 전자게임 프로그램의 규제 및 평가체계 개발
박혜원 외 | 울산대 가정관리학과

028 정신장애자 가족의 사회심리적 특성
이근후 외 | 이화여대 의과대학

029 가족의 관계역동성과 문제인식
이광규 외 | 서울대 인류학과

030 현대인과 한국전통음식
승정자 | 숙명여대 식품영양학과

031 기업의 초고속정보통신망활용
안중호 | 서울대 경영학과

032 지역발전을 위한 교육자치제의 개선방안
김남순 | 조선대 사범대학

033 전환기의 공무원 가치관
조경호 | 울산대 행정학과

034 지방자치와 사회복지의 과제
김영모 | 중앙대 사회복지학과

035 WTO체제하의 지방중소기업 지원정책
최명주 외 | 계명대 통상학부

036 현대한국의 시민운동
이효선 | 중앙대 사회학과

037 기업 세계화의 단계 및 정도의 측정
허영도 외 | 울산대 경영학과

038 가족복지를 위한 가족주치의 시범사업의 효과
이혜리 외 | 연세대 가정의학교실

039 한국대학생의 삶의 만족도
김재은 외 | 이화여대 교육심리학과

040 지역경제와 지역산업구조의 개편방향
정기화 외 | 전남대 경제학부

041 중국기업의 소유형태별 경영특성
노철화 외 | 부산대 무역학과

042 남북한의 인성 · 사상교육
한승조 외 | 고려대 정치외교학과

043 연계적 뇌기능 조언을 위한 의료용 멀티미디어 시스템의 설계
유선국 | 연세대 의용공학교실

044 다민족국가의 민족문제와 한인사회
최협 외 | 전남대 인류학과

045 저소득층지역 청소년 여가문화와 소집단 활성화
박문수 외 | 서강대 사회학과

046 삶의 질의 국제비교와 지역간 비교분석
이재기 외 | 울산대 경제학과

047 21세기 지역주민의 삶의 질
양종회 외 | 성균관대 사회학과

048 삶의 질에 대한 국가간 비교
조명한 외 | 서울대 심리학과

049 외국인 노동자의 노사관계와 사회적 적응
석현호 외 | 성균관대 사회학과

050 한국의 사법제도와 발전 모델
정종섭 | 건국대 법학과

051 고령화사회와 중상층 노인의 사회활동
조성남 외 | 이화여대 사회학과

052 한국의 서비스 시장 개방정책
한홍렬 | 한양대 경제학부

053 한국과 AFTA간의 교역증진 및 경제 협력방안
손일태 외 | 경희대 경제통상학부

054 물류비 절감을 위한 무역업체의 정보화전략
이영수 외 | 경북대 경제통상학부

055 사회주의 체제전환과 사회정책
오정수 외 | 충남대 사회복지학과

056 남북통일 이후 농업생산체계 개편
홍성규 외 | 건국대 농업경제학과

057 국제화와 세계화
하영선 외 | 서울대 외교학과

058 IMF 개혁정책의 평가와 한국경제의 신(新) 패러다임
조동근 | 명지대 경제학과

059 구조개혁과 실업대책
박동운 | 단국대 경제무역학부

060 21세기 신노사관계
심윤종 외 | 성균관대 사회학과

061 학교에서의 집단 따돌림
이춘재 외 | 가톨릭대 심리학과

062 한국노인의 정신건강실태와 건강증진
조맹제 외 | 서울대 의과대학

063 혁명과 개혁 속의 중국 농민
김광억 | 서울대 인류학과

064 중국의 경제환경과 한국기업의 진출 전략
지용희 외 | 서강대 경영학과

065 김대중 대통령의 시스템 사고
김동환 | 중앙대 공공정책학부

066 실업과 가족해체
최일섭 외 | 서울대 사회복지학과

067 합리적 부채비율 조정방안
오상근 | 동아대 경제학과

068 한국 중산층의 생활문화
문숙재 외 | 이화여대 소비자 · 인간발달학과

069 계층간 갈등상태에서 최적소득세
김진욱 | 건국대 경상학부

070 글로벌 경쟁력 제고를 위한 기업전략과 조직구축
이만우 외 | 고려대 경영학과

071 의료보험과 국민연금의 관리효율화를 위한 통합방안
사공진 외 | 한양대 경제학부

072 정부개혁의 과제와 전략
박우서 외 | 연세대 행정학과

073 책임운영기관 제도에 관한 비교분석
김근세 | 가톨릭대 행정학과

074 새로운 패러다임하에서의 한국기업의 바람직한 지배구조
최운열 외 | 서강대 경영학과

075 현대 한국사회의 계층구조
양춘 외 | 고려대 사회학과

076 한국의 산업정책과 산업구조조정
강인수 | 숙명여대 경제학부

077 기업구조조정
김석진 | 경북대 경영학부

078 지식경영을 위한 인적자원 개발 및 관리체계
장영철 | 경희대 경영학부

079 뉴 비즈니스 모델
전성현 | 국민대 정보관리학부

080 중산층의 정체성과 소비문화
함인희 외 | 이화여대 사회학과

081 외국관광객 유치를 위한 마케팅 전략
박상규 | 강원대 경영학과

082 한국인의 세대별 문학의식
이동순 | 영남대 국문과

083 공공부문의 효율성 평가와 측정
김재홍 외 | 울산대 사회과학부

084 한국 청소년의 정치의식과 형성요인
김광웅 외 | 숙명여대 아동복지학과

085 한국 대학생의 정치의식
배한동 | 경북대 윤리교육과

086 산업의 정보화와 산업발전
이기동 | 계명대 통상학부

087 한국 제조업의 고용조정 분석
이종원 외 | 성균관대 경제학부

088 지식자산에 대한 경영전략적 평가모형 개발
배재학 외 | 울산대 컴퓨터 · 정보통신공학부

089 관광사업을 위한 한국적 이미지의 휴식복 개발
채금석 | 숙명여대 의류학과

090 한국 정치제도의 개혁
신정현 | 경희대 사회과학부

091 e비즈니스와 아웃소싱 전략
정승화 외 | 연세대 경영학과

092 집단 따돌림의 진단 및 치료방안
홍준표 | 중앙대 인간생활환경학과

093 16대 총선과 낙선운동
조기숙 | 이화여대 국제대학원

094 부동층 유권자 행태 분석
진영재 | 연세대 정치외교학과

095 사이버 공동체의 성공요인
이재관 | 숭실대 경영학부

096 온라인 소비자 행동의 이론과 실증
윤성준 | 경기대 경영학부

097 글로벌 시대 정약용 세계관의 가능성과 한계
차성환 | 한일장신대 역사사회학과

098 러시아의 체제전환 과정에서 나타난 국가의 역할과 그 전망
이상민 외 | 부산대 정치외교학과

099 남북한의 경제발전 수준과 산업구조 비교, 그리고 경제교류 협력방향
주성환 | 건국대 경제학과

100 집단따돌림과 교육해체
한준상 | 연세대 교육학과

101 공적연금제도의 효율성과 개선방안
유금록 | 군산대 행정복지학부

102 벤처기업-대기업의 성공적인 협력 모델
나중덕 | 경산대 경영학과

103 북한의 재외동포정책
조정남 외 | 고려대 정치외교학과

104 사이버 공동체 형성의 역동적 모형
장용호 | 서강대 신문방송학과

105 기업이론과 기업의 소유지배구조
김일태 외 | 전남대 경제학부

106 가축분뇨 자원화를 위한 공동이용 조직에 대한 농가선호도 분석
유덕기 | 동국대 생명자원경제학과

107 개혁정책과 전문가 집단
이경원 외 | 제주대 행정학과

108 현대 한국사회의 이중가치체계
신수진 외 | 이화여대 가정관리학과

109 한국의 산업구조 변화와 기업집단 다각화 전략
김용학 외 | 연세대 사회학과

110 지식정보사회의 경제적 모형 설정 및 사례 연구
김범환 | 배제대 경영정보학부

111 변호사징계제도
오종근 | 한림대 법학부

112 인터넷 특허법
김순석 | 광주대 법학과

113 e-비즈니스 시대의 금융 및 재정정책의 새로운 패러다임
이종욱 | 서울여대 경제학과

114 청소년의 하위문화와 정체성
조성남 | 이화여대 사회학과

115 디지털금융시대의 금융구조변화와 정부규제 및 정책
이충열 | 고려대 경제학부

116 지식경영을 위한 기업의 조직설계방안
김경수 외 | 전남대 경영학과

117 전자금융의 발달과 경제정책의 새로운 패러다임
이명훈 | 명지대 경제학과

118 동아시아의 안보와 유엔체제
강성학 편저 | 고려대 정치외교학과

119 유료 치매노인 그룹홈의 개발과 관련 정책
최정신 외 | 가톨릭대 소비자 · 주거학과

120 소비자 지향적 문화산업 정책
홍영준 | 호남대 광고홍보학과

121 국제 · 국가 · 지방 환경규제의 연계
정준금 외 | 울산대 행정학과

122 현행 회사 합병 · 분할제도의 평가와 개선방안
옥무석 외 | 이화여대 법학과

123 배려지향적 도덕성과 정의지향적 도덕성
정옥분 외 | 고려대 사범대학

124 기업구조조정에 대한 채권금융기관 및 금융감독기관의 역할과 책임
이중기 | 한림대 법학과

125 실업대책으로서 한국의 법정기준근로 시간 단축
박영범 | 한성대 경제학과

126 프랑스어의 비분리성 소유개념 표현
노윤채 | 연세대 언어정보연구원

127 지방채의 효율적 관리방안
강태구 | 호원대 법행정학부

128 21세기 산업구조 변화와 과학기술정책
임채성 외 | 그리스도신학대 경영정보학부

129 인터넷 쇼핑몰 이용자의 불평행동
예종석 | 한양대 경영학부

130 한국기업의 성과급제도 현황, 효과 및 개선방안
김성수 | 서울대 경영학과

131 전자상거래와 소비자보호
서민교 외 | 경일대 인터넷국제통상학과

132 평생학습 사회에서의 인적자원개발을 위한 사회적 파트너십 구축
김영화 | 홍익대 교육학과

133 한국 공교육의 새로운 구상과 전략
권대봉 외 | 고려대 교육학과

134 한국의 정부개혁
김태룡 | 상지대 행정학과

135 지방정부 생산성 측정의 이론과 실제
이은국 외 | 연세대 행정학과

136 불가 시문학론
배규범 | 경희대 학술연구 교수

137 남북경제교류의 법적 문제
제성호 | 중앙대 법학과

138 경제위기와 청소년 발달
구인회 | 서울대 사회복지학과

139 생명과학기술의 응용과 기본권보호적 한계
정상기 외 | 한남대 법학과

140 경제발전과 정치환경의 한 · 일 비교분석
정갑영 외 | 연세대 동서문제연구원

141 한국 공교육의 진단
윤정일 외 | 서울대 교육학과

142 우리나라 지방자치 발전을 위한 자치단체장의 역할
정성호 외 | 경기대 사회과학부

143 의료보험제도의 개혁방안
권순원 | 덕성여대 경제학과

144 중등 도덕교육의 현실과 문제
손동현 외 | 성균관대 철학과

145 사이버공동체 발전론
이명식 | 상명대 경영학과

146 남북경협 확대에 대비한 북한 담보제도의 정비방안
박훤일 | 경희대 법과대학

147 한국 공무원 인사제도 개혁
김판석 | 연세대 행정학과

148 교사화법 교육
임칠성 외 | 전남대 국어교육과

149 세계화의 문화정치학
임혁백 외 | 고려대 정치외교학과

150 효과적인 e-SCM을 위한 의사결정조정 시스템 모형
이원준 | 성균관대 경영학부

151 환경거버넌스
김종순 외 | 건국대 행정학과

152 자동차산업의 인적자원관리
이덕로 | 서원대 경영학부

153 한국과 영국 간 지식기반산업 비교
이명호 | 한국외대 경영학과

154 한국 벤처기업의 기술네트워킹 및 기술마케팅 전략
장영일 | 인제대 경영학부

155 회사변호사의 윤리
오승종 | 성균관대 법과대학

156 미디어교육론
이정춘 | 중앙대 신문방송학과

157 조선시대 서원과 양반
윤희면 | 전남대 역사교육과

158 환경문제와 철학
박찬국 | 서울대 철학과

159 노인보건복지 이론과 실제
김명 외 | 이화여대 보건교육학과

160 북한의 법체계
권재열 외 | 숭실대 법학과

161 생명공학기술의 안전성 확보에 관한 법적 고찰
이재협 | 경희대 법학부

162 청소년복지학
김성이 외 | 이화여대 사회복지학과

163 변화하는 세계, 변화하는 복지국가
조영훈 | 동의대 사회복지학과

164 의리의 윤리와 한국의 유교문화
김낙진 | 진주교대 도덕교육과

165 미국의 통상정책과 통상법
윤충원 | 전북대 무역학과

166 사회복지 프로그램 평가
김학주 | 경상대 사회복지학과

167 환경주의와 지속가능한 발전
정대연 | 제주대 사회학과

168 무역과 환경
김기홍 외 | 경기대 경제학부

169 산업계 유해폐기물의 위험과 관리
김금수 | 호서대 경상학부

170 백범 김구의 지적 계발과정 탐색
문용린 | 서울대 교육학과

171 태평양전쟁 발발 이후 일제의 인적 지배와 그리스도교계의 대응
윤선자 | 전남대 사학과

172 거버넌스 상황에서 갈등관리를 위한 대체적 분쟁해결제도
서순복 | 광주대 법정학부

173 시장경제의 유형과 민주주의
최배근 | 건국대 경상학부

174 일본고전소설 총론
김현정 | 국립한국전통문화학교

175 국어 교육을 위한 국어 문법론
이관규 | 홍익대 국어교육과

176 율곡의 군주론
전세영 | 부산교대 윤리교육과

177 동북아시아 환경협력
정서용 | 명지대 법학과

178 기후변화협약과 기후정책
신의순 외 | 연세대 경제학과

179 인터넷과 국제 학술정보 네트워크-하이퍼링크 분석
박한우 | 영남대 언론정보학과

180 국내 기업복지의 활성화 방안
최수찬 | 연세대 사회복지대학원

181 세계화와 인간안보
김우상 외 | 연세대 정치외교학과

182 세계문화유산 종묘 이야기
지두환 | 국민대 국사학과

183 한국 평생교육의 사회철학적 과제
곽삼근 | 이화여대 교육학과

184 강점모델
정순둘 | 이화여대 사회복지학과

185 글로벌시대의 계약법
박영복 | 한국외대 법과대학

186 배심제와 시민의 사법참여
안경환 | 서울대 법학과

187 동북아공동체
김재한 | 한림대 정치외교학과

188 정치 참여와 탈물질주의
김욱 | 배재대 정치외교학과

189 퍼지전문가회로망을 이용한 금융기관의 사이버 기업여신결정 지원시스템의 개발
권혁대 | 목원대 경영학과

190 환경정책과 환경법
송인성 | 전남대 지역개발학과

191 포스트모던 시대의 평생교육학
한숭희 | 서울대 교육학과

192 현대 한국인의 세대경험과 문화
박길성 외 | 고려대 사회학과

193 서구의 근로연계복지
김종일 | 건국대 사회복지학과

194 사회복지운동론
현외성 | 경남대 사회복지학과

195 외국의 역모기지 사례
유선종 | 건국대 부동산학과

196 옛이야기와 어린이문학
이지호 | 진주교대 국어교육학과

197 노인사회복지관광의 정책과제와 방안
김창수 | 경기대 관광학부

198 복지서비스의 민간위탁 시스템 분석
김순양 | 영남대 행정학부

199 새로운 빈곤층의 대두와 정부의 정책과제
김진욱 | 건국대 경제학과

200 문화행정론
김정수 | 한양대 행정학과

201 스칸디나비아 노인용 코하우징의 계획과 적용
최정신 외 | 가톨릭대 생활과학부

202 북한의 자연생태계
공우석 | 경희대 지리학과

203 통계로 이해하는 러시아
전홍찬 | 부산대 정치외교학과

204 사회복지법인의 경영과 회계
이동규 | 충남대 회계학과

205 의약분업 정책과정
차흥봉 | 한림대 사회복지학과

206 지역공동체와 평생교육
오혁진 | 동의대 평생교육학부

207 아동보호서비스의 실제
한미현 | 백석대 사회복지학부

208 그린마케팅
박재기 | 충남대 경영학부

209 아동권리와 아동복지
이혜원 | 성공회대 사회복지학과

210 국제 이주와 인도인 디아스포라
김경학 | 전남대 인류학과

211 질병과 의료의 사회학
조병희 | 서울대 보건대학원

212 북한이탈주민의 사회통합을 위한 지역복지실천의 모색
이기영 | 부산대 사회복지학과

213 치매노인케어론
조유향 | 초당대 간호학과

214 노인상담입문
서혜경 외 | 한림대 대학원 사회복지학과

215 '통일 이후 통일과정'으로서의 독일 통일영화
이준서 | 이화여대 독어독문학과

216 중국의 사회보장
오정수 | 충남대 사회복지학과

217 환경자원의 경제적 가치와 환경오염의 사회적 비용
김재홍 | 울산대 사회과학부

218 사회복지프로그램의 경제적 평가방법
박창제 외 | 상주대 사회복지학과

219 자유의지와 결정론
안건훈 | 강원대 철학과

220 심리학자들이 쓴 행복한 결혼의 심리학
채규만 외 | 성신여대 심리학과

221 현대 해석학 강의
양해림 | 충남대 철학과

222 한국인의 주거 빈곤과 공공주택
하성규 | 중앙대 도시및지역계획학과

223 IMF 경제위기와 한국 출산력의 변화
김두섭 | 한양대 사회학과

224 동아시아의 영토분쟁과 국제법
이석우 | 인하대 법학부

225 독일 복지국가와 사회복지서비스
정재훈 | 서울여대 사회사업학과

226 사회복지사를 위한 실용 비모수통계
엄명용 | 성균관대 사회복지학과

227 피해자학 연구
이윤호 | 동국대 경찰행정학과

228 광고언어창작론
박영준 외 | 부경대 국어국문학과

229 환경규제 패러다임의 전환
한철 | 한남대 법학과

230 고령사회의 노동환경변화와 고용 시스템의 문제점 및 법적 대응
고준기 | 국립군산대 법학과

231 세계화와 소득불평등
이성균 외 | 울산대 사회과학부

232 유비쿼터스 사회의 이해
안중호 외 | 서울대 경영학과

233 국제환경책임법론
박병도 | 건국대 법학과

234 한국의 선거와 민주주의
윤종빈 | 명지대 정치외교학과

235 한국 시민운동의 구조와 동학
조대엽 외 | 고려대 사회학과

236 또래관계
송영혜 | 대구대 재활심리학과

237 해외 한국기업과 현지인 노동자
석현호 외 | 에스코이아학술문화재단

238 독일 국가복지에서 민간복지단체의 역할과 의미
차성환 외 | 한일장신대 사회복지학부

239 청정공학
조정호 | 동양대 생명화학공학과

240 한국전통연희론
심상교 | 부산교육대 국어교육학과

241 정신장애와 가족
서미경 | 경상대 사회복지학부

242 빈곤통계의 작성과 활용
김주환 | 동국대 정보통계학과

243 인터넷과 한국정치
강원택 | 숭실대 정치외교학과

244 북한의 시장경제이행
정영화 외 | 서경대 법학과

245 시스템사고로 본 지속가능한 도시
문태훈 | 중앙대 도시및지역계획학과

246 실버산업과 유비쿼터스 컴퓨팅
고일상 | 전남대 경영학부

247 재활상담과 사례관리
나운환 | 대구대 직업재활학과

248 영유아교육기관에서의 장애 이해 교육
유수옥 | 우석대 유아특수교육과

249 장애의 사회적 의미와 사회통합
박수경 | 대진대 사회복지학과

250 경제분석의 수리적 기초
조인성 | 공주대 경제통상학부

251 비영리부문의 비교연구
김승현 | 서울산업대 행정학과

252 고등교육경제학
반상진 | 전북대 교육학과

253 과학윤리교육의 이론과 방법
조희형 | 강원대 과학교육학부

254 결혼이민자가족의 이해
김오남 | 대불대 사회복지학과

255 동아시아 국가의 공공부조
신동면 | 경희대 사회과학부

256 특수아동 진단 및 평가
이나미 | 대불대 특수교육과

257 계약형 사회복지와 권리옹호시스템
이명현 | 경북대 상주캠퍼스 사회복지학과

258 실내공기질 및 위해성 관리
양원호 | 대구가톨릭대 산업보건학과

259 충남 방언 문법
한영목 | 충남대 국어국문학과

260 교육권론
노기호 | 군산대 법학과

261 도시경관계획론
임승빈 | 서울대 조경 · 지역시스템공학부

262 교통의 새로운 패러다임
김형철 | 경원대 도시계획 · 조경학부

263 노인의 삶의 질 향상을 위한 주거환경 디자인
천진희 | 상명대 디자인대학 실내디자인전공

264 사회복지와 문화
박병현 | 부산대 사회복지학과

265 장애인복지의 이론과 실제
이선우 | 인제대 사회복지학과

266 창의성 개발을 위한 디자인교육 콘텐츠
김선영 | 인천가톨릭대 조형예술대학 환경디자인학과

267 구성주의 사회복지 실천 기술론
고미영 | 서울신학대 사회복지학과

268 장애아교육학
김기흥 | 부산교육대 유아교육과

269 지역사회복지와 자원부문
한상진 외 | 울산대 사회학과

270 환경관리회계
육근효 | 부산외국어대 회계학부

271 인권 관점에서 보는 장애인복지
유동철 | 동의대 사회복지학과

272 정신증상
송지영 | 경희대 의과대학병원 신경정신과

273 사이버공간의 사회심리학
이성식 외 | 숭실대 정보사회학과

274 노인에 대한 사회적 돌봄과 돌봄서비스의 질 보장
최희경 | 신라대 가족노인복지학과

275 아동 심리치료의 실제
신현균 | 전남대 심리학과

276 사회복지와 위험관리
노충래 | 이화여대 사회복지전문대학원

277 국제 탄소시장의 이해
양승룡 | 고려대 식품자원경제학과

278 타자의 초상
신문수 | 서울대 영어교육과

279 한국정치와 환경정치
나정원 | 강원대 정치외교학과

280 북한이주민
윤인진 | 고려대 사회학과

281 음주의 사회경제적 비용
정우진 외 | 연세대 보건대학원

282 지방정치와 동북아 도시거버넌스
박재욱 | 신라대 행정학과

283 노숙인 복지론
남기철 | 동덕여대 사회복지학과

284 유럽통합과정과 지역협력
이규영 | 서강대 국제대학원

285 사회복지재정 연구
지은구 | 계명대 사회과학대학 사회복지학과

286 지역사회 교육개혁을 위한 시민사회 조직의 참여
김영화 | 홍익대 교육학과

287 복지사회를 대비한 국민연금의 구조개혁
박영석 외 | 서강대 경영학부

288 한미 FTA 지재권 협상에 따른 의약품 분야 사회후생 변화
오근엽 | 충남대 무역학과

289 산업입지, 환경 그리고 지역경제
이기동 외 | 계명대 국제통상학과

290 감성지능 개발을 통한 삶의 질 향상
김경수 외 | 전남대 경영학부

291 교육복지론
이용교 외 | 광주대 사회복지학부

292 인간과 행복에 대한 철학적 성찰
박찬국 | 서울대 철학과

293 유럽연합의 사회통합 사례와 교훈
이무성 | 명지대 정치외교학과

294 민영화와 사회후생
이상호 | 전남대 경제학부

295 북한의 교육학 체계 연구
최영표 외 | 동신대 교육대학원

296 한국 지속가능발전의 구조와 변동
정대연 | 제주대 사회학과

297 우리나라의 공익 연계 마케팅에 관한 연구
임승희 | 전주대 경영학부

298 시각장애인복지론
김영일 | 조선대 특수교육과

299 그린에너지와 환경촉매
정석진 | 경희대 화학공학과

300 취약학교 초등학생을 위한 온라인 보건교육 프로그램
박경옥 | 이화여대 보건관리학과

301 신탁제도를 통한 고령자의 보호와 지원
최수정 | 서강대 법학전문대학원

302 사회적 약자계층에 대한 실태분석 및 정책방안
이은우 외 | 울산대 경제학과

303 한류 문화와 동북아 공동체
최혜실 | 경희대 국어국문학과

304 노동유연화와 해고보호법
권혁 | 부산대 법학전문대학원

305 사회복지 위험관리의 이해
박미은 | 한남대 사회복지학과

306 의료기관의 회계와 세무
노준화 | 충남대 경영학부

307 여성인적자원의 전문성 확보를 위한 경력개발
백지연 | 이화여대 국제사무학과

308 정신병리
강선경 | 서강대 신학대학원

309 바다의 반란 적조
윤양호 | 전남대 해양기술학부

310 한국 장애인 복지 발달사
이성규 | 서울시립대 사회복지학과

311 서양예술 속의 동양 탐색
진상범 | 전북대 독어독문학과

312 한국인의 도덕성 발달 진단
문용린 | 서울대 교육학과

313 영국정치와 국가복지
고세훈 | 고려대 공공행정학부

314 인간학적 사유를 여는 중도 · 중복장애 교육학
이숙정 | 단국대 특수교육과

315 개별화 교육과정
이소현 | 이화여대 특수교육과

316 인간의 긍정적 성품
권석만 | 서울대 심리학과

317 지방자치와 지역여성의 전망
이혜숙 | 경상대 사회학과

318 한국 현대 노년소설 연구
전흥남 | 한려대 교양학부

319 정보격차 해소를 위한 창의적 정보교육 프로그램
이영준 외 | 한국교원대 컴퓨터교육과

320 한국 가족과 젠더
손승영 | 동덕여대 교양학부

321 한국의 복지혼합
김진욱 | 서강대 신학대학원

322 사회자본과 자원봉사
김태룡 외 | 상지대 행정학과

323 농촌교육복지연구
박삼철 | 단국대 교양학부

324 사회정체성 평가 차원에 대한 국제비교조사
이명진 | 고려대 사회학과

325 캐나다 복지국가 연구
조영훈 | 동의대 사회복지학과

326 한국의 소수자운동과 인권정책
전영평 외 | 서울대 행정대학원

327 한국과 미국의 보육서비스 선날제계와 품질 비교분석
김근세 외 | 성균관대 국정관리대학원

328 한국사회의 소득불평등과 국민 의료이용
이용재 | 호서대 사회복지학과

329 정보시대의 인간안보
조화순 | 연세대 정치외교학과

330 가족의 사회경제적 특성과 아동발달
김광혁 | 전주대 사회복지학과

331 초 · 중 · 고등학생의 학업소진 진행과정 및 경로분석
이상민 | 고려대 교육학과

332 다문화사회의 사법통역
이지은 | 이화여대 통역번역대학원

333 동아시아 지역주의
유현석 | 경희대 정치외교학과

334 환경친화적 공공시설관리와 지역공동체의 삶의 질
이소영 | 중앙대 실내디자인 · 주거환경학과

335 의료보험의 법정책
김나경 | 성신여대 법과대학

336 양극화 시대 가족해체와 청소년의 적응에 관한 한국과 미국의 비교 연구
오승환 외 | 울산대 사회복지학과

337 기업의 사회적 책임과 지역경제사회 발전 연구
허영도 외 | 울산대 경영학부

338 노인의 삶의 질 향상을 위한 온라인 소셜 네트워크 구축 방안
김진우 | 연세대 경영학과

339 청소년 생활역량
윤명희 외 | 동의대 평생교육학과

340 외국인 배우자의 다양성과 국제결혼의 안정성
김두섭 | 한양대 사회학과

341 정보인권의 규범구체화
이민영 | 가톨릭대 법학과

342 한국 사회복지실천의 고유성
최성재 외 | 서울대 사회복지학과

343 스웨덴의 환경책임 실천모형
최희경 | 경북대 행정학부

344 자율운동과 주거공동체
윤수종 | 전남대 사회학과

345 한국인의 공공봉사동기
김상묵 | 서울과학기술대 행정학과

346 한국 이혼가정 아동의 성장
김혜숙 | 경인교육대 교육학과

347 동양 사상과 노인 복지
홍승표 외 | 계명대 사회학과

348 노동과 사회보장의 연계
오문완 | 울산대 법학과

349 학습장애 위험군 아동의 조기선별을 위한 읽기검사 표준화 연구
김애화 외 | 단국대 특수교육학과

350 신 · 재생에너지에 기초한 녹색성장과 사회통합
김인호 | 이화여대 법학전문대학원

351 문화교류역량과 다문화 경영이 기업 경영성과에 미치는 영향
임병학 외 | 부산외대 경영학부

352 빈곤영유아의 발달과 적응
정익중 외 | 이화여대 사회복지학과

353 민사법질서와 인권
양천수 | 영남대 법학전문대학원

354 성년후견제도와 사회복지제도의 연계
신권철 | 서울시립대 법학전문대학원

355 한국 다문화사회의 이방인
김순양 | 영남대 행정학과

356 현대 시민사회와 소비자계약법
이병준 | 한국외대 법학전문대학원

357 개인의 사회적 정보보호를 위한 공공 정보서비스 개선 연구
장항배 | 상명대 경영학과

358 여성교육투자에 대한 교육경제학적 탐색
백일우 외 | 연세대 교육학부

359 사회적 기업과 지속가능한 지역발전
임업 외 | 연세대 도시공학과

360 다문화가정 구성원에 대한 투트랙 한국어 교육방안 연구
박시균 | 군산대 국어국문학과

361 아시아의 빈곤과 한국기업의 역할
한인수 | 충남대 경영학부

362 유치원 · 초등학교 연계 환경교육
박희숙 | 공주대 유아교육학과

363 비정규 고용과 사회정책
구인회 외 | 서울대 사회복지학과

364 사생활의 자유에 관한 비교법적 연구
이창현 | 서강대 법학전문대학원

365 다중융합 환경 기반의 미디어스킨을 활용한 문화콘텐츠 디자인 적용방안에 관한 연구
오문석 외 | 광운대 미디어영상학부

366 북한이탈주민 여성의 성인식 관련 기초 조사
한인영 외 | 이화여대 사회복지학과

367 노인주택 파노라마
유선종 | 건국대 부동산학과

368 시설보호 청년의 적응
정선욱 | 덕성여대 사회복지학과

369 다수 집단과 소수 집단의 심리
김혜숙 | 아주대 심리학과

370 바이오 휴머니티
권택영 | 경희대 영어학부

371 프랑스 다문화교육의 이해
이경수 | 상명대 불어교육과

372 한 · 중 서비스산업의 비교분석과 교역 확대 방안
김상호 | 리츠메이칸 아시아태평양대 국제경영학부

373 현대의학에 있어서 생명의 시간과 인간의 존엄
김학태 | 한국외대 법학전문대학원

374 0~3세 영유아의 영상물 과몰입 실태조사 및 정신건강증진 프로그램 개발과 적용
이경숙 | 한신대 재활학과

375 복지국가의 조세와 정치
양재진 외 | 연세대 행정학과

376 청소년기 자살행위 실태와 관련 요인
박선희 | 경희대 간호과학대학

377 기술혁신에 따른 지역 간 정보격차
최정혜 외 | 연세대 경영대학

378 한국 사회의 이중구조와 생애주기적 불평등
안상훈 편 | 서울대 사회복지학과

379 소비자의 친환경행동에 영향을 미치는 사회적 · 경제적 가치에 대한 고찰
송재기 | 텍사스테크대 경영학과

380 어머니 양육행동 관련 변인들과 유아 사회정서행동 간의 구조모형 분석
심숙영 | 숙명여대 원격대학원

381 조선족 여성, 동남아시아 여성 그리고 새터민의 적응 유형 분석 및 삶의 질 향상 방안 모색
정태연 | 중앙대 심리학과

382 세계의 연금, 한국의 연금
허만형 | 중앙대 공공인재학부

383 노인요양원과 문화 변화
최재성 | 연세대 사회복지학과

384 시민사회와 국제개발협력
손혁상 | 경희대 공공대학원

385 복지국가의 변화와 빈곤정책
김윤태 | 고려대 사회학과

386 다문화가정의 미디어 이용과 사회적 자본의 관계
진창현 | 경기대 경영학과

387 사회진출 대졸 초년생의 탄력성 변화 양상
이상민 | 고려대 교육학과

388 사회자본과 경제발전 그리고 정부의 질
도수관 | 대구가톨릭대 행정학과

389 망명과 귀환이주
서장원 | 고려대 독일문화학과

390 근거기반실천과 사회복지
김유진 | 경북대 사회복지학부

391 인터넷상 정보 유통에 대한 새로운 저작권 규율 방향 모색
박준석 | 서울대 법학전문대학원

392 한국 사회의 인종차별적 담화구조
이창수 | 한국외대 통역번역대학원

393 사회복지사의 사회복지 가치 지향
김용석 | 가톨릭대 사회복지학과

394 개인정보의 국제적 유통에 따른 법적 문제와 대책
박훤일 | 경희대 법학전문대학원

395 정신장애인의 인권
서미경 | 경상대 사회복지학과

396 취약계층 비만청소년들의 체중관리를 위한 건강증진 프로그램의 효과
김영호 | 서울과학기술대 스포츠과학과

397 한국 전통의 돈의 문학사, 나눔의 문화사
서신혜 | 한양대 창의 · 융합교육원

398 와이파이 공간과 모바일 정보 격차
이건학 | 서울대 사회과학대학

399 도시정비사업의 법적 쟁점과 해설
성중탁 | 경북대 법학전문대학원

400 사회서비스 제공기관의 조직요인과 성과
신창환 | 경북대 사회복지학부

401 도시 사운드스케이프 디자인
전진용 외 | 한양대 건축공학부

402 지방의회 의원윤리연구
김택 | 중원대 경찰행정학과

403 발달장애인 자립생활 증진을 위한 역량탐색 및 주거로서의 해결과제
김라경 | 광주교육대 교육학과

404 외국인고용제도개선과 인권
김상호 외 | 경상대 법과대학

405 사회복지연구에서 질적방법과 분석
김인숙 | 가톨릭대 사회복지학과

406 현대미술에서의 예술적 성장과 창의적 인재양성
백경미 | 울산과학기술원 기초과정부

407 현대인의 삶과 문화예술교육
곽삼근 | 이화여대 교육학과

408 문화적 배경과 체화된 인지
민동원 | 단국대 경영학부

409 아동 섭식행동평가 척도 표준화 및 섭식문제 현황 조사
정경미 | 연세대 심리학과

410 잊혀질 권리: 이상과 실현
문재완 | 한국외대 법학전문대학원

411 인권의 지역화: 일상생활의 인권 증진을 위하여
김중섭 | 경상대 사회학과

412 다문화 시대 이주민의 한국어 의사소통
민병곤 외 | 서울대 국어교육과

413 다문화 시대의 문화교육 커리큘럼
윤여탁 외 | 서울대 국어교육과

414 다문화 시대의 통일교육
박성춘 외 | 서울대 윤리교육과

415 다문화 시대 사회 통합을 위한 시민 교육
이진석 외 | 부산대 일반사회교육과

416 다문화 관련 법률 및 제도
박성혁 외 | 서울대 사회교육과

417 생태복원의 인문학적 상상력
김성도 외 | 고려대 언어학과

418 다국내 출생 다문화가정 청소년의 아픔과 분투: 사회적 차별로부터의 회복과 성장
서영석 | 연세대 교육학과

419 종교심리학의 이해: 죽음인식의 논의를 중심으로
김재영 | 서강대 종교학과

420 글로벌 시대의 사회통합: 세계적 추세와 한국의 위상
장용석 외 | 연세대 행정학과

421 소규모 사회적기업과 소셜미디어 마케팅
박철 | 고려대 글로벌비즈니스대학

422 동아시아 가면극의 역사와 전승양상
전경욱 | 고려대 국어교육과

423 무엇이 우리를 행복하게 하는가?
구교준 외 | 고려대 행정학과

424 디지털 중독의 이해와 대응 방안
오원석 외 | KAIST 경영대학

425 지속가능발전목표(SDG) 시대 한국의 복지와 행복지표 측정
한준 외 | 연세대 사회학과

426 지방정부 간 사회복지 불균형과 시민 행복
장용석 외 | 연세대 행정학과

427 일 · 여가의 변화와 행복 복지
유홍준 외 | 성균관대 사회학과

428 가족시간과 삶의 질
이윤석 외 | 서울시립대 도시사회학과

429 사회복지사의 유데모니아: 사회복지의 가치와 보람, 그리고 행복
송인한 외 | 연세대 사회복지대학원

430 행복을 위한 움직임
안문경 | 국민대 교양대학

431 읽기 장애 조기 선별검사의 측정학적 적합성 연구
여승수 | 부산교육대 유아교육학과

432 문화적 다양성과 창의성: 심리학적 관점
장재윤 | 서강대 심리학과

433 내일의 종언(終焉)? 가족자유주의와 사회재생산 위기
장경섭 | 서울대 사회학과

434 산림공유자원관리로서 금송계 연구
배수호 외 | 성균관대 행정학과

435 한국 경제발전의 문화적 기원: 추격성장, 발전국가 그리고 문화적 혼종성
김명수 | 한양대 정보사회학과

436 4차 산업혁명의 일자리 진화
이민화 | KAIST 미래전략대학원

437 금융 분야에 있어서 4차 산업혁명 시대와 일자리 대책
고동원 | 성균관대 법학전문대학원

438 노동의 디지털화와 산업노동의 미래: 독일 산업 4.0을 중심으로
임운택 | 계명대 사회학과

439 4차 산업혁명과 고등교육 개혁
김민희 외 | 대구대 교직부

440 4차 산업혁명과 일자리 정책의 미래
권혁 외 | 부산대 법학전문대학원

441 복지공급론: 보건복지의 수단과 체계
강창현 | 단국대 공공관리학과

442 생각 중심 교육
박주용 | 서울대 심리학과

443 청소년 독자의 정체성과 문식 활동
이순영 | 고려대 국어교육과

444 인간의 심리를 조작하는 사회공학기술
김석수 | 한남대 멀티미디어학부

445 한국사회 이타적 행동에 대한 이해
강철희 외 | 연세대 사회복지대학원

아산재단연구보고서

001 한국인의 도덕성 연구
배해수 | 고려대 국문학과

002 산업화와 청소년 진로
이원호 | 울산대 교육학과

003 공동체의식과 시민운동
김영섭 | 한양대 행정학과

004 한국청년의 삶의 의미 충족도와 만족적 태도
안정수 | 경희대 철학과

005 중국조선족의 사회발전과 한 · 중관계의 위상
손장권 | 고려대 사회학과

006 해송림 "솔껍질깍지벌레"의 천적 및 주요 종의 생태
김규진 | 전남대 농생물학과

007 사회정의와 실천윤리
박종대 | 서강대 철학과

008 동구개혁의 영향
김달중 | 연세대 정치외교학과

009 한국청소년의 의식세계
김문조 | 고려대 사회학과

010 고강도 철근 콘크리트 구조의 실용화
정헌수 | 중앙대 건축학과

011 신기술의 연관형대 및 출현예측의 구조모형
권철신 | 성균관대 산업공학과

012 민간기업의 연구개발을 위한 조세정책
권영훈 | 한양대 경제학부

013 기술개발 활성화방안
송승구 | 울산대 화학공학부

014 부패의 현상과 진단
이문조 | 영남대 정치외교학부

015 연구투자의 지역적 편중화와 부산지역의 기초과학연구 활성화방안
윤웅찬 | 부산대 화학과

016 GATT의 신구 덤핑방지협정과 그 대응 방안
전창원 | 동국대 무역학과

017 한국사회의 도덕성 제고를 위한 진단과 처방
황경식 | 서울대 철학과

018 새로운 노사관계 방향
이진규 외 | 고려대 경영학과

019 21세기 동북아 정세예측과 한국의 전략적 대응방안
최평길 외 | 연세대 행정학과

020 소련의 한국에 대한 정책목표분석
신승권 | 한양대 정치외교학과

021 메모리 커패시터용 $Pb(Zr_xTi_{1-x})O_3$ 강유전체 박막의 제작과 특성
장지근 외 | 단국대 전자공학과

022 러시아 국제법학의 전통
김용구 | 서울대 외교학과

023 유럽연합의 현황과 전망
김동현 외 | 성균관대 행정학과

024 중국의 정치동원
송영우 외 | 건국대 정치외교학과

025 산업적 활용을 위한 이동로보트 시스템의 개발
박민용 외 | 연세대 전자공학과

026 중국조선족의 정치사회화과정과 동화적 국민통합의 방향
전인영 외 | 이화여대 사회생활학과

027 공적부조의 이론과 실제
최일섭 외 | 서울대 사회복지학과

028 대외통상환경의 변화와 법제개편
서헌제 | 중앙대 법학과

029 기업금융의 국제화
최생림 | 한양대 경영학부

030 자동차부품공업의 노사관계
김호진 외 | 고려대 행정학과

031 산업화 과정에서의 한국가족의 실태와 전망
정창수 외 | 성균관대 사회학과

032 공무원 가치관 실태와 정립방안
배병룡 외 | 경상대 행정학과

033 해외귀국청소년의 국내적응연구
이장영 | 국민대 사회학과

034 초고속정보통신망에서 LAN서비스 제공방안
이재용 | 연세대 전자공학과

035 WTO체제의 정책적 대응
김병진 외 | 경희대 행정학과

036 유럽의 통합정치
최수경 외 | 충남대 정치외교학과

037 유기질폐기물을 이용한 고단백사료원인 조류의 생산공정
최정우 외 | 서강대 화학공학과

038 초고속정보통신망의 수용성과 정책방향
박영상 외 | 한양대 신문방송학과

039 중국의 강남사회와 한중교섭
조영록 외 | 동국대 사학과

040 세계화시대의 사회 · 문화의식
신행철 외 | 제주대 사회학과

041 국내 외국인 노동자의 문제와 대책
성규탁 외 | 연세대 사회복지학과

042 노인인력 활용정책과 프로그램
김정후 외 | 강원대 법과대학

043 한일간 학술교류 현황과 활성화방안
정홍익 외 | 서울대 행정대학원

044 계량모형에 의한 한일 경제관계의 이해
김명직 외 | 한양대 경제학부

045 직장인의 음주행태와 삶의 질
진기남 외 | 연세대 보건행정학과

046 유통정보 시스템의 구조와 설계
정용길 | 충남대 경영학과

047 남북통일 이후 사회통합을 위한 교육의 역할
안기성 외 | 고려대 교육학과

048 대중음악에 심취한 청소년들의 심리적 특성
김인경 외 | 연세대 인간행동연구소

049 멀티미디어 시스템을 활용한 교육환경의 개선방안
김한일 | 제주대 컴퓨터교육학과

050 탈냉전기 한일관계의 쟁점
최상룡 | 고려대 정치외교학과

051 자치시대 새로운 '삶의 질' 지표의 모색
김형기 외 | 경북대 경제통상학부

052 유럽통합의 역내외 협력과 갈등
이호재 외 | 고려대 정치외교학과

053 21세기를 대비한 신노사관계
김재원 | 한양대 경제학부

054 대학의 시간제학생 등록제
안규철 외 | 전남대 교육학과

055 21세기에 대비한 방송통신정책
한진만 외 | 강원대 신문방송학과

056 주민참여를 통한 혐오시설 관리운영방안
박균성 외 | 경희대 법학부

057 여성의 정치적 권리인식과 정치참여
전경옥 외 | 숙명여대 정치외교학과

058 한국인 위장질환과 식생활 · 환경요인 및 *H. pylori* 감염과의 관계
이양자 외 | 연세대 식품영양학과

059 학생과 시민의 자원봉사활동
윤정일 외 | 서울대 교육학과

060 동북아 환경문제와 지역환경협력의 모색
신연재 외 | 울산대 정치외교학과

061 노인 자원봉사활동을 통한 사회통합 프로그램 개발
김동배 | 연세대 사회복지학과

062 물류정보 시스템
김태현 | 연세대 경영학과

063 전자식 문서교환을 이용한 항공화물 운송체계
민재형 | 서강대 경영학과

064 청소년과 성
이근후 | 이화여대 의과대학

065 민족통합과 무궁화호 위성의 남북한 공동활용방안
방정배 | 성균관대 신문방송학과

066 채식주의가 20대 여성의 영양상태와 에스트로겐 대사에 미치는 영향
성미경 | 숙명여대 식품영양학과

067 가상정보공간을 통한 지역개발 활성화 전략
유재천 외 | 한림대 언론정보학부

068 조산아 관리현황 및 정책수립 방안
박상기 외 | 조선대 의과대학

069 남북한관의 의식조사와 통일교육 개선 방안
김동규 외 | 고려대 북한학과

070 동양 전통 자연사상 탐구
장동순 | 충남대 환경공학과

071 초고속정보망의 시뮬레이터 구현
한기준 | 경북대 컴퓨터공학과

072 유통원가 시스템의 유효성
정다미 | 명지대 경영학과

073 국악과 문화관광의 만남
정익준 외 | 동아대 국제관광통상학부

074 기업의 지식경영 활용사례
김창은 | 명지대 산업공학과

075 선진국과 한국의 직업교육 · 훈련제도의 특성과 한계
정주연 | 고려대 경제학과

076 제주지역 성인 여성의 자원봉사활동
이상철 외 | 제주대 사회학과

077 M&A와 문화충돌 관리
박원우 | 서울대 경영학과

078 폐금속광산 인근 주민들의 중금속 오염실태
정종학 외 | 영남대 의학과

079 북한 농촌 · 농업실태와 인력자원개발 시스템을 통한 북한 농민의 구호방안
박성열 | 건국대 교육공학과

080 중소 소매점의 경쟁력과 소매성과
채명수 외 | 한국외대 무역학과

081 고령자를 위한 쾌적한 실내온도와 착의량의 설정
정운선 | 안동대 의류학과

082 지역문화 이벤트 PR
박종민 | 경희대 언론정보학부

083 인터넷 지역정보화의 실태와 전략
유평준 외 | 연세대 행정학과

아산재단연구보고서

001 한국인의 도덕성 연구
배해수 | 고려대 국문학과

002 산업화와 청소년 진로
이원호 | 울산대 교육학과

003 공동체의식과 시민운동
김영섭 | 한양대 행정학과

004 한국청년의 삶의 의미 충족도와 만족적 태도
안정수 | 경희대 철학과

005 중국조선족의 사회발전과 한 · 중관계의 위상
손장권 | 고려대 사회학과

006 해송림 “솔껍질깍지벌레”의 천적 및 주요 종의 생태
김규진 | 전남대 농생물학과

007 사회정의와 실천윤리
박종대 | 서강대 철학과

008 동구개혁의 영향
김달중 | 연세대 정치외교학과

009 한국청소년의 의식세계
김문조 | 고려대 사회학과

010 고강도 철근 콘크리트 구조의 실용화
정헌수 | 중앙대 건축학과

011 신기술의 연관형태 및 출현예측의 구조모형
권철신 | 성균관대 산업공학과

012 민간기업의 연구개발을 위한 조세정책
권영훈 | 한양대 경제학부

013 기술개발 활성화방안
송승구 | 울산대 화학공학부

014 부패의 현상과 진단
이문조 | 영남대 정치외교학부

015 연구투자의 지역적 편중화와 부산지역의 기초과학연구 활성화방안
윤웅찬 | 부산대 화학과

016 GATT의 신구 덤핑방지협정과 그 대응 방안
전창원 | 동국대 무역학과

017 한국사회의 도덕성 제고를 위한 진단과 처방
황경식 | 서울대 철학과

018 새로운 노사관계 방향
이진규 외 | 고려대 경영학과

019 21세기 동북아 정세예측과 한국의 전략적 대응방안
최평길 외 | 연세대 행정학과

020 소련의 한국에 대한 정책목표분석
신승권 | 한양대 정치외교학과

021 메모리 커패시터용 $Pb(Zr_xTi_{1-x})O_3$ 강유전체 박막의 제작과 특성
장지근 외 | 단국대 전자공학과

022 러시아 국제법학의 전통
김용구 | 서울대 외교학과

023 유럽연합의 현황과 전망
김동현 외 | 성균관대 행정학과

024 중국의 정치동원
송영우 외 | 건국대 정치외교학과

025 산업적 활용을 위한 이동로보트 시스템의 개발
박민용 외 | 연세대 전자공학과

026 중국조선족의 정치사회화과정과 동화적 국민통합의 방향
전인영 외 | 이화여대 사회생활학과

027 공적부조의 이론과 실제
최일섭 외 | 서울대 사회복지학과

028 대외통상환경의 변화와 법제개편
서헌제 | 중앙대 법학과

029 기업금융의 국제화
최생림 | 한양대 경영학부

030 자동차부품공업의 노사관계
김호진 외 | 고려대 행정학과

031 산업화 과정에서의 한국가족의 실태와 전망
정창수 외 | 성균관대 사회학과

032 공무원 가치관 실태와 정립방안
배병룡 외 | 경상대 행정학과

033 해외귀국청소년의 국내적응연구
이장영 | 국민대 사회학과

034 초고속정보통신망에서 LAN서비스 제공방안
이재용 | 연세대 전자공학과

035 WTO체제의 정책적 대응
김병진 외 | 경희대 행정학과

036 유럽의 통합정치
최수경 외 | 충남대 정치외교학과

037 유기질폐기물을 이용한 고단백사료원인 조류의 생산공정
최정우 외 | 서강대 화학공학과

038 초고속정보통신망의 수용성과 정책방향
박영상 외 | 한양대 신문방송학과

039 중국의 강남사회와 한중교섭
조영록 외 | 동국대 사학과

040 세계화시대의 사회 · 문화의식
신행철 외 | 제주대 사회학과

041 국내 외국인 노동자의 문제와 대책
성규탁 외 | 연세대 사회복지학과

042 노인인력 활용정책과 프로그램
김정후 외 | 강원대 법과대학

043 한일간 학술교류 현황과 활성화방안
정홍익 외 | 서울대 행정대학원

044 계량모형에 의한 한일 경제관계의 이해
김명직 외 | 한양대 경제학부

045 직장인의 음주행태와 삶의 질
진기남 외 | 연세대 보건행정학과

046 유통정보 시스템의 구조와 설계
정용길 | 충남대 경영학과

047 남북통일 이후 사회통합을 위한 교육의 역할
안기성 외 | 고려대 교육학과

048 대중음악에 심취한 청소년들의 심리적 특성
김인경 외 | 연세대 인간행동연구소

049 멀티미디어 시스템을 활용한 교육환경의 개선방안
김한일 | 제주대 컴퓨터교육학과

050 탈냉전기 한일관계의 쟁점
최상룡 | 고려대 정치외교학과

051 자치시대 새로운 '삶의 질' 지표의 모색
김형기 외 | 경북대 경제통상학부

052 유럽통합의 역내외 협력과 갈등
이호재 외 | 고려대 정치외교학과

053 21세기를 대비한 신노사관계
김재원 | 한양대 경제학부

054 대학의 시간제학생 등록제
안규철 외 | 전남대 교육학과

055 21세기에 대비한 방송통신정책
한진만 외 | 강원대 신문방송학과

056 주민참여를 통한 혐오시설 관리운영방안
박균성 외 | 경희대 법학부

057 여성의 정치적 권리인식과 정치참여
전경옥 외 | 숙명여대 정치외교학과

058 한국인 위장질환과 식생활 · 환경요인 및 *H. pylori* 감염과의 관계
이양자 외 | 연세대 식품영양학과

059 학생과 시민의 자원봉사활동
윤정일 외 | 서울대 교육학과

060 동북아 환경문제와 지역환경협력의 모색
신연재 외 | 울산대 정치외교학과

061 노인 자원봉사활동을 통한 사회통합 프로그램 개발
김동배 | 연세대 사회복지학과

062 물류정보 시스템
김태현 | 연세대 경영학과

063 전자식 문서교환을 이용한 항공화물 운송체계
민재형 | 서강대 경영학과

064 청소년과 성
이근후 | 이화여대 의과대학

065 민족통합과 무궁화호 위성의 남북한 공동활용방안
방정배 | 성균관대 신문방송학과

066 채식주의가 20대 여성의 영양상태와 에스트로겐 대사에 미치는 영향
성미경 | 숙명여대 식품영양학과

067 가상정보공간을 통한 지역개발 활성화 전략
유재천 외 | 한림대 언론정보학부

068 조산아 관리현황 및 정책수립 방안
박상기 외 | 조선대 의과대학

069 남북한관의 의식조사와 통일교육 개선 방안
김동규 외 | 고려대 북한학과

070 동양 전통 자연사상 탐구
장동순 | 충남대 환경공학과

071 초고속정보망의 시뮬레이터 구현
한기준 | 경북대 컴퓨터공학과

072 유통원가 시스템의 유효성
정다미 | 명지대 경영학과

073 국악과 문화관광의 만남
정익준 외 | 동아대 국제관광통상학부

074 기업의 지식경영 활용사례
김창은 | 명지대 산업공학과

075 선진국과 한국의 직업교육 · 훈련제도의 특성과 한계
정주연 | 고려대 경제학과

076 제주지역 성인 여성의 자원봉사활동
이상철 외 | 제주대 사회학과

077 M&A와 문화충돌 관리
박원우 | 서울대 경영학과

078 폐금속광산 인근 주민들의 중금속 오염실태
정종학 외 | 영남대 의학과

079 북한 농촌 · 농업실태와 인력자원개발 시스템을 통한 북한 농민의 구호방안
박성열 | 건국대 교육공학과

080 중소 소매점의 경쟁력과 소매성과
채명수 외 | 한국외대 무역학과

081 고령자를 위한 쾌적한 실내온도와 착의량의 설정
정운선 | 안동대 의류학과

082 지역문화 이벤트 PR
박종민 | 경희대 언론정보학부

083 인터넷 지역정보화의 실태와 전략
유평준 외 | 연세대 행정학과

084 여성 삶의 질 향상을 위한 사회교육 활성화 방안
김양희 | 중앙대 가족복지학과

085 벤처기업과 벤처금융
강대석 외 | 충남대 무역학과

086 구조조정기에 있어서 실업대책과 사회 안전망 구축
박천익 | 대구대 경제학과

087 한국 유아의 조기교육
이명조 외 | 한국외대 교육대학원

088 남북한 경제공동체 형성전략
이상만 | 중앙대 경제학과

089 지방자치회계의 투명성과 주민의 알 권리
권찬태 외 | 경북대 경영학부

090 정치지도자의 정책리더십
이해영 | 경일대 행정학과

091 경제위기와 한국인의 복지의식
신광영 외 | 중앙대 사회학과

092 북한이 노동
김강식 | 한국항공대 경영학과

093 우리나라 중소기업의 정보기술 활용 현황과 경쟁력 강화를 위한 제안
정승호 | 부산외대 정보시스템학과

094 인간배아복제의 법적 · 윤리적 문제점과 그 해결방안
최병규 | 한경대 법학부

095 가치변화에 따른 투표행태
조찬래 외 | 충남대 정치외교학과

096 인터넷 경매에서의 계약체결과 소비자 보호
이기수 외 | 고려대 법과대학

097 세계화시대 남북한 통합의 방향과 과제
윤민재 | 서울대 사회발전연구소

098 글로벌 시대 지방정부의 문화마케팅 전략
박흥식 | 중앙대 행정학과

099 대졸여성실업의 실태분석 및 대학-노동시장 간 효율적 연계방안
이은우 외 | 울산대 사회과학부

100 그린 투어리즘의 분석
이응진 | 대구대 관광학부

101 지방자치단체장의 부정부패
오일환 | 한양대 아태지역연구센터

102 산업화가 유교체제하 중국여성의 지위에 미친 영향
천성림 | 배재대 사회과학연구소

103 움직이는 말하기
유혜숙 외 | 나사렛대 교양학부

104 장애학생을 위한 특수교육공학의 활용
김용욱 | 대구대 중등특수교육과

105 지식기반사회의 평생교육 이해와 평생교육 프로그램 개발
박성열 | 건국대 교육공학과

106 N세대의 미술교육
김동철 | 대구교육대 미술교육학과

107 노후계획과 투자
권택호 | 여수대 국제통상학과

108 영화산업
양영철 | 경성대 연극영화학부

109 동유럽의 변혁과 언론의 역할
정대수 | 경남대 정치언론학부

110 환율, 임금, 물가가 국제경쟁력 및 수출입산업에 미치는 영향
하인봉 | 경북대 경제통상학부

111 일본기업의 기술혁신 전략
위정현 | 중앙대 상경학부

112 노후보장정책과 역저당연금제도
조덕호 외 | 대구대 행정학과

113 유비쿼터스 라이프와 미래 사회
김석수 | 한남대 멀티미디어공학과

114 죽음과 관련된 생명윤리적 문제들
구인회 | 가톨릭의과대 인문사회과학교실

115 경제적 세계화와 빈곤문제, 그리고 국가
김준현 | 한일장신대 인문사회과학부

116 한국의 세계불교유산
김종명 | 한국학중앙연구원 한국학대학원

117 복지레저서비스론
고태규 | 한림대 국제학부

118 자생적 철학체계로서 인간중심철학
선우현 | 청주교대 윤리교육과

119 전략적 통합과 한반도 평화체제
김승채 | 고려대 정책대학원

120 환경사법론
전경운 | 경희대 법학부

121 인터넷 자료를 통해 본 한국의 이혼문화와 사회복지
성정현 외 | 협성대 사회복지학과

122 유럽연합의 사회정책에 관한 연구
문진영 | 서강대 신학대학원 사회복지학과

123 여성건강의 통합적 관점
김혜원 | 관동대 간호학과

124 복잡계 네트워크 과학
강병남 | 서울대 물리천문학부

125 경제적인 3세대 전원주택 개발
박근준 | 호서대 건축공학과

126 사회복지와 인적자원개발
이상일 | 인제대 국제경상학부